Bonne chance!

FRENCH t[illegible]SE

Teresa Huntley

OXFORD UNIVERSITY PRESS

Oxford University Press, Walton Street, Oxford OX2 6DP

Oxford New York
Athens Auckland Bangkok Bombay
Calcutta Cape Town Dar es Salaam Delhi
Florence Hong Kong Istanbul Karachi
Kuala Lumpur Madras Madrid Melbourne
Mexico City Nairobi Paris Singapore
Taipei Tokyo Toronto

and associated companies in
Berlin Ibadan

Oxford is a trade mark of Oxford University Press

First published 1996

ISBN 0 19 912217 2

Acknowledgements

The publishers would like to thank the following for permission to reproduce photographs, and for additional commissioned photography:
John Brennan p.21 (left), p.29, p.53 (top left), p.61, p.66 (centre), p.72 (bottom right), p.86 (bottom right), p.95 (centre left and right, bottom left), p.102; Dick Capel Davies p.13 (bottom row: centre left and right), p.14 (right), p.47 (top right), p.57 (top), p.72 (centre, bottom left), p.95 (top left and right), p.96, p.98 (top and centre); J. Allan Cash p.22, p.24 (right), p.45 (bottom); Environmental Picture Library p.80, p.81; Richard Garratt p.13 (top), p.16, p.24 (left), p.30, p.38, p.53 (bottom left, bottom centre, top right, centre right, bottom right), p.66 (top), p.69, p.72 (top), p.73, p.85, p.56 (top); Keith Gibson p.86 (left); Tony Lees p.66 (bottom left), OUP p.13 (bottom row: left and centre right), p.14 (left), p.16, p.37, p.45 (top), p.47 (left, centre and bottom right), p.98 (bottom), p.101; Rex p.40, p.66 (centre right); David Simson p.21(right), p.53 (top centre), p.66 (centre left); Martin Sookias p.26, p.48, p.95 (bottom right), p.105; Jeff Tabberner p.66 (bottom centre), p.79, p.82; Thorpe Park p.66 (bottom right).

The illustrations are by Peter Brown (eg. p.21), Tony Dover (eg. p.17), Helena Greene (eg. p.93), Lisa Hall (eg. p.14), Nigel Paige (eg. p.42), Maps and diagrams by HardLines, Oxford. The authentic handwriting is by Kathy Baxendale.

The publishers would like to thank the following for permission to reproduce copyright material:
Cartes Jeunes p.14; Grottes Pétrifiantes, Savonnières p.62; Groupe Fleurus-Mame p.80; Ministère de la Jeunesse et de la Vie Associative p.48; © Okapi, Bayard Presse, extracts from *Okapi* magazine: p.22 (1995 E. Petiot), p.23 (1995 S. Coucharrière), p.33 (1994 Regis Flament/Azigloo), p.47 (1995 E. Petiot), p.55 (1995 Coucharrière/Poussin), pp.56, 57, 58 (1994/5 Coucharrière/Julien/Le Leurch), p.80 (1995 Petiot), pp.93, 97 (1994 Petit/Petiot/de Paulin), p102 (1995 O. Rey), p.103 (1995 M. Clausener), p.104 (1995 Bouton/Bouchié); Société Nationale des Chemins de Fer Français p.88; Sportica, Gravelines p.63; Télépoche Magazine pp.55, 54; Télérama Junior p.58; La Voix du Nord pp. 77, 85, 89.

The sound recording was made at Post Sound Ltd, London, with production by Marie-Thérèse Bougard and Charlie Waygood.

Cover photograph: Pyramid, The Louvre, Paris, by Stephanie Couturier/Arcaid

Typeset and designed by Peter Ducker MSTD

Printed and bound by Graficas Estella, Spain

Contents

Overview of units

Unit	Pages	AoE	Topics covered	Listening/reading
1 Les passe-temps	13–20	B	Personal identification Free time Making acquaintances	Understanding: – descriptions – people talking about their leisure interests
2 Le sport	21–28	A	Sport Daily routine Holiday	Understanding: – people talking about sports they play – information about training regimes – information about holiday activities
3 L'argent	29–36	B/D	Pocket money Occupations Future career	Understanding: – information about jobs – people talking about pocket money and what they spend it on
4 Au lycée	37–44	A	Education Comparing French and British schools Lost property	Understanding: – information about a typical school day – personal experiences of school
5 La vie des jeunes	45–52	B/E	Current issues Interests Forming opinions	Understanding: – people talking about current issues – a presentation on a given theme
6 Les médias	53–60	A/B	Thc media Television and cinema	Understanding: – reviews – opinions of films and other leisure interests – information about television programmes
7 Les vacances	61–68	B/C/E	Holidays Holiday accommodation Amenities	Understanding: – people talking about recent holidays – information on holiday destinations
8 Chez moi	69–76	A/C	House and home Daily routine Having things repaired or cleaned	Understanding: – information about house – people talking about their daily routine
9 Quel temps fait-il?	77–84	C	Weather Climate Environmental issues	Understanding: – weather forecasts – people talking about the environment – information about tourism
10 Bon voyage	85–92	C	Travel by train and car Accidents and breakdowns	Understanding: – people talking about travel problems – people describing accidents – information about travel reductions
11 A table	93–100	A/E	Food and drink Eating out	Understanding: – information about food and eating habits – people shopping for food – menus
12 L'avenir...	101–108	D	Future education, training and career Personal identification	Understanding: – people talking about their jobs – people talking about what they would like to do

Overview of units

Speaking/writing	Role play situation	Grammar focus
Talking about what you do in your leisure time	Making arrangements Changing plans	Asking questions Interrogative pronouns
Describing yourself Describing a typical day Talking about sporting interests	Buying tickets for a sporting event and for the cinema	Using the present tense Interrogatives
Talking about pocket money and jobs Explaining what you spend your money on		Understanding the conditional Offering advice, using the conditional
Preparing a survey on school life Describing a typical school day Expressing opinions	At the lost property office Answering questions about school life	Depuis Adjectives Comparatives
Talking about world issues Talking about personal interests Preparing an exposé	Seeking and giving opinion	Negatives Superlatives
Talking about TV programmes, films and books Writing a review	Making arrangements to go out	Object pronouns
Talking about a recent holiday Writing a letter to book accommodation	Getting a room in a hotel/a place at a Youth hostel Making friends	Understanding and using the perfect tense
Describing your daily routine Describing your home	Getting things repaired or cleaned	Reflexive verbs
Talking about what places you would like to visit Talking about environmental issues	Making and accepting invitations Exchanging information about your home environment	Understanding and using the future tense
Describing an accident Writing a short article	Buying tickets for train, boat and plane travel Asking for services at a petrol station	Understanding and using the imperfect tense
Talking about school dinners Planning a menu	Shopping for food Ordering food in a restaurant	Demonstrative adjectives and pronouns
Talking about your future plans	Taking part in an interview Offering advice	Aller + infinitive to refer to the future Using the conditional

Introduction

Welcome to *Bonne Chance!*

If you are taking your GCSE exam in French, then this book is for you. It will help you to prepare for all the different parts of the exam, particularly if you are aiming for grades A*-C.

Your teacher may work through the book with you in class or you can use the book on your own to help you with your revision.

The book is accompanied by a cassette of which your teacher can make copies so that you can work through the listening activities on your own for homework or as part of your revision.

The book is divided into a number of sections to help you organise your work and to help you look things up easily.

Overview of units

This shows you which topics, vocabulary, role plays and grammar points you will find, and where. If, for example, you want to revise role plays set in the hotel, look down the role play column until you find it.

Exam fact file

Here you will find all you need to know about the new-style GCSE exam which you will be taking. It explains the different parts of the exam and gives you useful tips on revising for it. It also gives a list of French instructions which you will need to know in order to understand both the questions in this book and in the exam itself.

The Units

The main part of this book is divided into 12 units. Each unit follows a theme which appears in the exam syllabus. You will find a list of the themes in the *Overview of units*. In each unit there are listening, speaking, reading and writing activities which are very similar in style to the questions which are likely to appear in your exam. For the listening activities you will need to use the cassette which accompanies the course. The speaking activities can be done with a partner and perhaps then recorded onto a cassette. The reading and writing activities will test your ability to write in French. Within each section you will find the activities becoming increasingly difficult. At the end of each unit you will find a section called *Un peu d'entraînement* which gets you to practise different grammar points which occur in the unit. Finally there is a *Vocabulaire* section which lists the main items of vocabulary which have appeared in the unit as well as other key words related to the topic. Throughout the units you will also find useful hints to help you prepare for the different types of questions.

Contrôle sections

These sections are made up of a number of mini-tests. Your teacher may give you these to do in class or you could use them to test yourself as part of your revision. There are four *Contrôle* sections: 1 revises units 1-3: 2 revises units 4-6; 3 revises units 7-9; and 4 revises 10-12.

Grammar summary

This provides a summary of all the main points of grammar which you will need at GCSE level. There is also a verb table which lists all the main irregular verbs which you are likely to encounter for GCSE.

Cassette transcript

Here you will find the text of all the cassette listening activity materials. Always listen to the cassette on its own first but if you are finding it difficult to follow a listening activity try following the text as you listen to the cassette.

Answers section

Here you will find the answers to the listening, reading and *Un peu d'entraînement* sections. Don't go to the answers first when you do an activity! Use them instead to check how you have done after you have had a go at a question.

We hope that you will find *Bonne Chance!* a useful aid to your revision. Look through the book now to find all the different sections mentioned above so that you can use it to best effect when planning and doing your revision.

Bon travail et bonne chance!

GCSE Exam fact file

1 The GCSE examination

WHAT will you be tested on?

It is important to be prepared when taking exams and one of the first things you need to know is WHAT you will be tested on. Your teacher can tell you which examination board is setting the papers and although each board sets slightly different tests, they will all have the following in common.

- You will be tested on your ability to LISTEN TO, SPEAK, READ and WRITE French in situations in which you may find yourself when visiting France on holiday or for work, or when meeting French-speaking visitors in this country.
- The examination syllabus covers five themes or AREAS OF EXPERIENCE (AoE).

Area of experience	*Example of topics covered*
A	*Everyday activities* School; Life at home; Talking about TV, music and films; Health and fitness; Food
B	*Personal and social life* Talking about your family and friends; Hobbies; Arranging to go out
C	*The World around us* Talking about your home area; Finding the way; Shopping; Transport; Public services
D	*The World of work* Training; Future plans; Jobs; Advertising; Communication
E	*The International world* Life in other countries; Holidays; Booking accommodation; Important issues

HOW will you be tested?

You will take a separate test or tests in each of the four skill areas described below:

Listening and responding
You will listen to a variety of different types of spoken French. Listening material may include instructions, telephone messages, dialogues, descriptions, short news articles and interviews. The questions will require you to answer in a variety of ways including filling in a grid or matching items, taking notes in French or interpreting what is said.

Speaking
There are two parts to the speaking test: role play and conversation. In the role plays you will be given a scene to act out with your teacher. The instructions might be written or presented through pictures. In the conversation you will be asked to talk about yourself and topics of general interest.

Reading and understanding
You will read a variety of different types of written French. Reading material may include signs, notices, short advertisements, messages and letters (some of which will be handwritten), newspaper and magazine extracts. The questions will require you to answer in a variety of ways including matching or true/false activities, taking notes in French or interpreting what is written.

Writing
The writing test will contain a range of material for you to respond to. These might include pictures, notes, postcards or letters. You might be asked to write any of the following: a message, a postcard, an informal letter (eg to a penfriend) or a formal letter (eg to book a hotel room), a short article (eg for a school magazine) or an imaginative piece of writing.

HOW will the tests be graded?

Below is a rough guide of what you need to do in each of the four skill areas in order to get a grade C or A.

Listening and responding
To get a grade C, you will need to:

- identify and pick out the main points and some specific details from what you hear;
- identify the opinions of the people speaking;
- show that you understand references to the past, present and future;
- show you understand language with which you are familiar, used in unfamiliar contexts.

To get a grade A, you will *also* need to:

- recognise points of view, attitudes and emotions;

- draw conclusions from what you hear;
- explain extracts.

Speaking
To get a grade C, you will need to:
- express your opinions in conversation;
- refer to events in the past, present and future;
- cope with the unexpected in one of the role plays.

To get a grade A, you will *also* need to:
- narrate events;
- use a range of language to express your ideas and to justify your opinions;
- cope with the unexpected in both role plays.

Reading and responding
To get a grade C, you will need to:
- identify and pick out the main points and some specific detail from what you read;
- identify the point of view of the writer(s);
- show that you understand references to events in the past, present and future;
- show that you understand language with which you are familiar used in unfamiliar contexts.

To get a grade A, you will *also* need to:
- work out the meaning of unfamiliar language from the context;
- recognise points of view, attitudes and emotions;
- draw conclusions from what you read;
- explain extracts.

Writing
To get a grade C, you will need to:
- express your opinions in writing;
- refer to events in the past, present and future;
- write simple formal or personal letters.

To get a grade A, you will *also* need to:
- use a range of language to express your opinions and to justify your ideas in writing;
- give factual information;
- produce a longer sequence of written language, such as a short imaginative or descriptive essay.

WILL you be able to use a dictionary?

You may be allowed to use a dictionary in some, if not all of the tests. In the reading tests, some activities may require you to use a dictionary. In other tests, it is important to remember that your time is limited. It is a good idea only to use your dictionary to confirm the meaning of a word, or perhaps to check whether it is masculine or feminine. Strategies for using a dictionary effectively are given on page 9.

2 Preparing for the exam

Although it helps to know what you are likely to be faced with on the day of the exam, another way to increase your confidence and to help you show what you can do is to prepare thoroughly and effectively. And your preparation can begin months before the exams begin.

PRACTISE!
Bonne Chance! contains examples of the different activities listed above to give you plenty of practice in the types of task you might be asked to complete in the exam. Activities generally focus on one skill area and *skill focus boxes* identify strategies which will help you complete the tasks effectively. These strategies will also help you when in the exam.

PRACTISE OFTEN!
Try and find the time to practise as often as possible. The following tips are all useful for learning, remembering and revising.

- **Read** as much as possible. Ask your teacher if you can borrow magazines. Using your dictionary and your own knowledge of current affairs, you will quickly learn to identify key points.
- **Listen** to the radio. You could tune into one of the French stations: Europe n° 1 (180 KHz/LW) or France Inter (160 KHz/LW). If you like watching films, hire a video starring Gerard Depardieu. Make sure it's subtitled and not dubbed into English.
- **Speak** French with your friends. Prepare role plays together. Practise asking and answering questions. Record yourself and listen to your pronunciation. Then re-record yourself. Try and sound as French as possible.
- **Write** letters to a penfriend. Find pictures in newspapers and magazines and write captions in French. The pictures can help you remember key words and phrases.
- **Grammar** practice of key structures is provided in each unit of *Bonne Chance!*. As with other areas of language learning, a little practice often will really help you learn.
- **Learn** new words. Practise different activities to try and find the most effective way for you to learn. Below are some suggestions. Try and add more.

– Some people learn new words by writing lists in French, with the English equivalent written beside it. Cover up the English and see how many you can understand. Now cover up the French. How many can you say in French? Time how long it takes for you to say each of the words or phrases in French. Then try again. Can you beat your own time?

- Some people learn more effectively by using pictures to help them remember words. Draw your own symbols or pictures. Cover the pictures. Can you say the words or phrases in French?
- Building word families can help to learn new words and to extend your vocabulary.

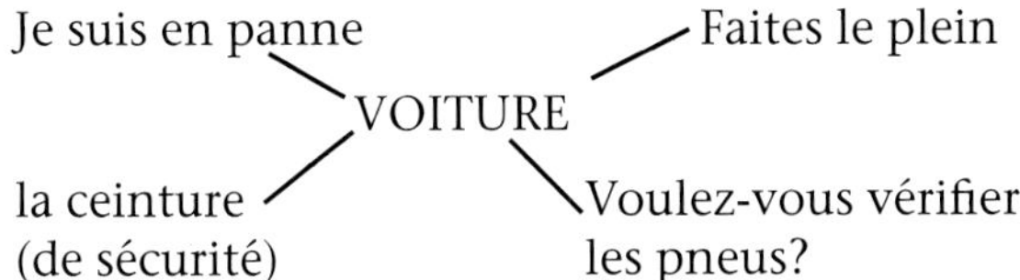
Je suis en panne
Faites le plein
VOITURE
la ceinture
(de sécurité)
Voulez-vous vérifier
les pneus?

- **Dictionary use.** Practise using your dictionary. You may be required to use a dictionary in the reading test. It is important to know how to find your way round a dictionary quickly and without wasting time.

- When reading a French text, don't be tempted to look up every single word. You don't need to understand every word. Some you will be able to work out: perhaps they look like English words, or the pictures or context make the meaning clear. Use your dictionary only to confirm the meaning of a word or to find the meaning of a key word that you cannot guess.
- When you look up the French equivalent of an English word eg 'watch', first look up the word in the English-French section of the dictionary.

watch /wɒtʃ/ **I** *n* **1** (timepiece) montre *f*; **my ~ is slow/fast** ma montre retarde/avance; **by my ~ it's three o'clock** à ma montre il est trois heures; **to set one's ~** mettre sa montre à l'heure; **you can set your ~ by him** vous pouvez vous régler sur lui; **2** (lookout, surveillance) gen, Mil surveillance *f* (**on** sur); **to keep ~** [*sentry, police, watcher*] monter la garde; **to keep (a) ~ on sb/sth** lit, fig surveiller qn/qch; **keep a close ~ on expenditure** surveillez les dépenses de près; **to keep ~ over sb/sth** monte la garde auprès de qn/près de qch; **to be on the ~** être sur ses gardes; **to be on the ~ for sb/sth** lit guetter qn/qch; fig être à l'affût de qn/qch; **to set a ~ on sb/sth** tenir qn/qch à l'œil; **badger/fox ~** observation *f* des blaireaux/renards; **tornado ~** Meteorol surveillance *f* des cyclones; **3** Naut (time on duty) quart *m*; (crew on duty) (one person) homme *m* de quart; (several) quart *m*; **the port/starboard ~** les bâbordais *mpl*/tribordais *mpl*; **to be/go on ~** être de quart/prendre le quart; **to come off ~** rendre le quart; **4** Mil, Hist (patrol) **the ~** le guet.
II *modif* [*chain, spring, strap*] de montre
III *vtr* **1** lit (look at) regarder [*event, entertainment, object, sport, television*]; (observe) observer [*behaviour, animal*]; **she ~es three hours of television a day** elle regarde la télévision trois heures par jour

Then cross-check in the French-English section to make sure that you have identified the correct word that you wish to use. It is a good idea to have a dictionary that gives plenty of examples. The examples will help you to identify quickly the word that you want to use.

montre /mɔ̃tʀ/ *nf* 1 (objet) watch; **~ à affichage numérique** digital display watch; **~ à aiguilles** watch with hands; **~ étanche** waterproof watch; **~ à** or **de gousset** fob watch; **~ marine** seaman's watch; **~ de poche** pocket watch; **~ de précision** precision watch; **~ à quartz** quartz watch

regarder /ʀ(ə)gaʀde/ [1] **I** *vtr* **1** (diriger son regard vers) to look at; **~ qch par la fenêtre** to look out of the window at sth; **~ qch avec inquiétude/admiration** to look at sth anxiously/admiringly; **regarde qui vient!** look who's coming! **~ qch méchamment** to glare at sth; **~ rapidement** to have a quick look ou to glance at [*bâtiment, paysage*]; (en feuilletant) to glance through [*document, livre*]; **~ qn en face** lit, fig to look sb in the face; **~ la réalité** or **les choses en face** to face facts, to face up to things; **~ qn de haut** fig to look down one's nose at sb; **~ qn de travers** fig to look askance at sb; ▶**lorgnette, vache**; **2** (fixer avec attention) to watch, to look at [*personne, scène*]; to look at [*tableau, diapositives, paysage*]; to watch [*film télévision, émission*]

surveiller /syʀveje/ [1] **I** *vtr* **1** (veiller sur) to watch, to keep an eye on [*enfants, cuisson, affaires*]; to watch (over) [*prisonnier, malade*]; **~ de près** to watch [sb/sth] closely, to keep a close ou watchful eye on; **~ du coin de l'œil** to watch [sb/sth] out of the corner of one's eye; 2 (exercer une surveillance sur) to keep watch on, to keep [sb/sth] under surveillance [*adversaire, bâtiment*]

- When you look up a new word that you want to use to talk about yourself and your interests, make sure that you know how to pronounce it. Ask your teacher and then record yourself saying it.
- Once you have found the words you need and learnt how to pronounce them, try to learn them using one of the techniques outlined above or using one of your own.
- It is important that you understand the abbreviations used in your dictionary. If possible, it should be the same edition that you will use in the exam as dictionaries vary in their layout and the symbols used (see next page).

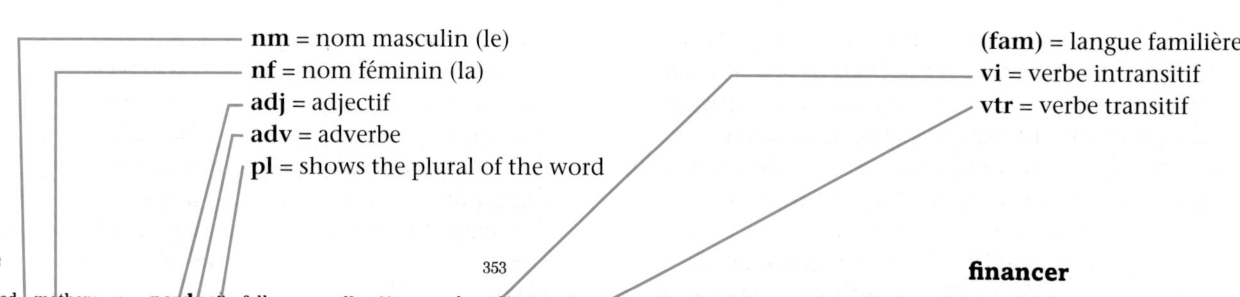
nm = nom masculin (le)
nf = nom féminin (la)
adj = adjectif
adv = adverbe
pl = shows the plural of the word
(fam) = langue familière
vi = verbe intransitif
vtr = verbe transitif

unmarried mother; **~ perdue**† fallen woman†; **~ publique**†, **~ des rues**† streetwalker; **~ à soldats**† soldiers' moll; **~ soumise**† prostitute; **~ spirituelle** spiritual heir.
IDIOMES **jouer les ~s de l'air**○ to vanish into thin air; **c'est bien la ~ de son père/sa mère** she's very much her father's/her mother's daughter; **la plus belle ~ du monde ne peut donner que ce qu'elle a** with the best will in the world one can only go so far.

fillette /fijɛt/ *nf* **1** (petite fille) little girl; **rayon ~** Comm girlswear department; **2**○ (bouteille) half bottle.
IDIOMES **chausser du 45 ~**○ to have feet like boats○.

filleul /fijœl/ *nm* godson, godchild.

filleule /fijœ/ *nf* goddaughter, godchild.

film /film/ *nm* **1** (œuvre) film, movie US (**sur** about); **un ~ à succès** a box-office success; **tourner/réaliser un ~** to shoot/direct a film; **~ parlant** talking film, talkie○; **~ muet** silent film; **2** (déroulement d'événements) course, sequence; **le ~ des événements de l'été dernier** the course of last summer's events; **3** Cin (pellicule) film; **4** (mince couche) film; **~ protecteur** protective film.
■ **~ d'animation** cartoon; **~ d'aventures** adventure film; **~ catastrophe** disaster film; **~ d'épouvante** ou **d'horreur** horror film; **~ noir** film noir; **~ policier** detective film; **~ publicitaire** publicity film.

filmé, **~e** /filme/ **I** *pp* ▶ **filmer**.
II *pp adj* on film; **la version ~e de Hamlet** the film version of Hamlet.

filmer /filme/ [1] *vtr* to film.

filmique /filmik/ *adj* film (*épith*).

filmographie /filmɔgrafi/ *nf* filmography.

filmologie /filmɔlɔʒi/ *nf* film studies (*pl*).

filon /filɔ̃/ *nm* **1** Minér vein, seam, lode; **un ~ de cuivre/d'or** a vein of copper/of gold; **exploiter un ~** lit, fig to mine a seam; **2**○ (pactole) bonanza; (travail lucratif) cushy number○; **un bon ~ pour se procurer des faux papiers** a good way of getting hold of forged papers; **avoir trouvé le bon** or **un ~** to be on to a good thing.

filou /filu/ **I** *adj* **il est ~** (escroc) he's a crook; (tricheur) he's a cheat; (enfant malin) he's a rascal.
II *nm* (escroc) crook; (tricheur) cheat; (enfant malin) rascal.

filouter /filute/ [1] *vtr* (voler) to diddle○; (au jeu) to cheat; **~ qn de 100 francs** to diddle○ sb out of 100 francs.

filouterie /filutri/ *nf* (acte d'escroc) fiddle○, swindle.

coffee filter; **~ à café perpétuel** permanent coffee filter; **~ à huile** Aut oil filter; **~ solaire** Cosmét sun screen.

filtrer /filtre/ [1] **I** *vtr* **1** (purifier) to filter; **2** (tamiser) to filter [*bruit, lumière*]; **3** (sélectionner) to screen [*visiteurs, appels téléphoniques, informations*].
II *vi* **1** (émerger) [*informations*] (lentement) to filter through; (malgré des précautions) to leak out; [*idée*] to filter through; **la nouvelle a filtré jusqu'aux journalistes/journaux** the news leaked out to the journalists/newspapers; **2** (s'écouler) [*liquide*] to filter through; **3** (passer) [*son, lumière*] to filter.

fin[1], **fine** /fɛ̃, fin/ **I** *adj* **1** (constitué d'éléments très petits) [*sable, poudre, pluie*] fine; **2** (très mince) [*gouttelette, fil, trait de crayon, écriture*] fine; [*tranche, plaque, couche, feuille, verre*] thin; **3** (effilé) [*pinceau, aiguille, plume, pointe*] fine; **4** Comm, Culin [*petits pois, haricots verts*] quality (*épith*); **très ~s** top-quality (*épith*); **5** (délicat) [*cheville, poignet, cou, taille*] slender; [*traits*] fine; **il est très ~ de visage** he's got very fine features; **6** (ouvragé) [*orfèvrerie, broderie, bijou, dentelle*] delicate, fine; **7** (de grande qualité) [*vins, aliments, lingerie*] fine; [*plat, mets, morceau*] delicate; **8** (subtil) [*personne*] perceptive; [*esprit*] shrewd; [*allusion, interprétation*] subtle; [*plaisanterie, humour*] subtle; [*goût*] delicate, subtle; **vraiment c'est ~!** iron that's really clever! iron; **jouer au plus ~ avec qn** to try and outsmart sb; **avoir l'air ~**○ to look a fool; **tu as l'air ~**○ **avec ce chapeau!** you look a sight○ in that hat!; **9** (sensible) **avoir l'ouïe** or **l'oreille ~e** to have a keen sense of hearing; **avoir l'odorat** or **le nez ~** to have a keen sense of smell; **10** (remarquable) (*before n*) excellent; **c'est une ~e cuisinière** she's an excellent cook; **~ gourmet** gourmet; **~ connaisseur** connoisseur; **~ tireur** crack shot; **la ~e fleur des économistes/joueurs d'échecs** the top ou best economists/chess players; ▶**bouche**; **11** (ultime) (*before n*) **au ~ fond de** in the remotest part of [*pays, région*]; at the very bottom of [*tiroir, armoire*]; **ils habitent au ~ fond du Massif central** they live in the remotest part of the Massif Central; **le ~ mot de l'histoire** the truth of the matter.
II *adv* **1** (complètement) **être ~ prêt** to be all set; **~ soûl**○ completely drunk, sloshed○; **2** (finement) [*écrire, moudre*] finely; [*couper*] thinly.
III *nm* **le ~ du ~** the ultimate (**de** in).
IV fine *nf* (boisson) brandy.
■ **~ limier** super-sleuth; **~ renard** sly customer○; **~e gueule**○ gourmet; **~e lame** expert swordsman; **~e mouche** = **~ renard**; **~es herbes** mixed herbs,

book; **payable ~ janvier/courant/prochain** payable at the end of January/of this month/of next month; **c'est la ~ de tout** it's the last straw; **mener qch à bonne ~** to carry sth off, to bring sth to a successful conclusion; **c'est un bon film mais je n'ai pas aimé la ~** it's a good film but I didn't like the ending; **sans ~** [*combats, discussions, guerre*] endless, never-ending; [*discuter, épiloguer, se disputer*] endlessly; **à la ~** in the end; **tu vas te taire à la ~**○! for God's sake, be quiet!, be quiet already○ US!; **tu m'ennuies à la ~**○! you're really getting on my nerves!; **chômeur en ~ de droits** *unemployed person who is no longer entitled to unemployment benefit*; **~ de siècle** pej decadent, fin-de-siècle; **2** (mort) end, death; **une ~ tragique/prématurée** a tragic/premature end ou death; **il ne vous entend plus, c'est la ~** he can no longer hear you, he's dying; **3** (but) end, aim, purpose; **à cette ~** to this end; **à toutes ~s utiles** for whatever purpose it may serve; **arriver** or **parvenir à ses ~s** to achieve one's aims; **à seule ~ de** for the sole purpose of; **ce n'est pas une ~ en soi** it's not an end in itself.
■ **~ de l'exercice** end of the financial year; **~ de semaine** weekend; **~ de série** Comm oddment.
IDIOMES **la ~ justifie les moyens**, **qui veut la ~ veut les moyens** the end justifies the means.

final, **~e**[1], *mpl* **-aux** /final, o/ **I** *adj* final; **proposition ~e** final clause.
II finale *nf* **1** Sport final; **quart de ~e** quarterfinal; **arriver en ~e** to reach the final(s); **2** Ling final; **en ~e** in final position.

finale[2] /final/ *nm* Mus finale.

finalement /finalmɑ̃/ *adv* **1** (à la fin) in the end, finally; **~, ils sont arrivés avec une heure de retard** in the end they arrived an hour late; **~ nous sommes restés à la maison** in the end we stayed at home; **ils ont ~ réussi à se mettre d'accord** they eventually managed to reach an agreement; **alors, qu'est-ce que vous avez décidé ~?** so what have you decided then?; **2** (en définitive) in fact, after all; **~ on a tout à y gagner** after all, we have everything to gain by it; **~ j'aurais dû refuser/ce n'était pas une bonne solution** as it turned out I should have refused/it wasn't a good solution.

finalisation /finalizasjɔ̃/ *nf* finalization.

finaliser /finalize/ [1] *vtr* to finalize [*accords*]; to complete [*transaction*].

finalisme /finalism/ *nm* Philos finalism.

finaliste /finalist/ *adj*, *nmf* finalist.

PLAN!

The strategies listed above will help you throughout the year as you build up towards the exam. However, as you approach the exam, it is a good idea to have a revision programme. Your mock exams provide an opportunity for a trial run of your revision programme.

- Set aside some time every day to revise. 30–40 minutes will be plenty. A little revision every day is more effective than one day a week.
- Prepare revision cards. For example, when revising talking about your family, make one card for each person. Write his/her name and who he/she is (eg brother) on one side and then key words for talking

about him/her on the other, eg 19 ans; grand; cheveux noirs, etc. Practise talking about each person. Look only at the name and see how much information you can give without looking at the key words. Check how well you did and then try again.
- Ask your teacher to copy items from your coursebook onto a cassette for you. Listen and complete the activities in a set time. Practise listening without writing anything. Listen again and then write the answers.
- Practise doing reading activities. Try and complete them in a set time. If you take too long you are probably trying to understand too much. Practise identifying only the key information.
- After the mock exams, take time to evaluate your revision programme. Was it effective? What will you change, if anything, as you prepare for the real exam?

3 On the day...

And finally, a list of tips to help you on the day.

- Try to keep a clear head. This is particularly important in the listening test. You need to be ready to listen.
- *Read* the questions carefully. In the listening and reading papers the questions help you to focus on what you need to understand.
- Don't be tempted to over-use the dictionary. Your time is limited. Only use it when you really have to.
- If in the speaking or writing tests you can't remember a word, don't panic! Try and remember where and how you learnt it. If you use pictures to help you learn, try to visualise the picture and then the word. If you still can't remember, try and use another word, or describe what it is you are trying to say.
- Take time in the writing test to read and check what you have written.

4 Useful phrases

Below is a list of phrases to help you understand the instructions and the questions, both in *Bonne Chance!* and in the exam. There is also a list of useful phrases to help you to express and justify your opinion.

Ecoutez bien	*Listen carefully*
Notez	*Note*
Recopiez	*Copy*
Répondez aux questions	*Answer the questions*
Ecrivez	*Write .....*
..... une liste	*..... a list*
..... une lettre	*..... a letter*
..... un article	*..... an article*
Résumez	*Summarise*
Prenez des notes	*Take notes*
Exemple	*Example*
Complétez les phrases	*Complete the sentences*
Décrivez	*Describe*
Lisez	*Read .....*
..... le texte	*..... the text*
..... les petites annonces	*..... the adverts*
..... l'article	*..... the article*
Regardez	*Look at .....*
..... la photo	*..... the photo*
..... le dessin.	*..... the picture*
Trouvez un(e) partenaire	*Find a partner*
Trouvez les paires	*Find the pairs*
A votre avis	*In your opinion .....*
Vrai ou faux?	*True or false?*
Si oui, si non, pourquoi?	*Why (not)?*
Changez les phrases fausses	*Change the false sentences*
Lisez le dialogue	*Read the dialogue*
Changez-le	*Change it*
Inventez un dialogue	*Invent a dialogue*
Choisissez un rôle	*Choose a role*
Enregistrez-vous	*Record yourself*
Travaillez avec un(e) ami(e)	*Work with a friend*
Que répondez-vous?	*What do you reply?*
Entraînez-vous	*Practise .....*
Préparez	*Prepare .....*

A mon avis	*In my opinion .....*
Moi, je pense que	*I think that .....*
Je crois que	*I believe that .....*
Il est vrai que	*It is true that .....*
Je suis d'accord	*I agree*
Je ne suis pas d'accord	*I don't agree*
Parce que	*Because .....*
..... c'est faux	*..... it's false*
..... c'est vrai	*..... it.s true*
..... c'est très important	*..... it's very important*
Parce que	*Because .....*
..... c'est intéressant	*..... it's interesting*
..... il ne faut pas généraliser	*..... you shouldn't generalise*
..... c'est une mauvaise chose	*..... it's a bad thing*
..... c'est amusant.	*..... it's entertaining*
..... c'est ennuyeux	*..... it's boring*
On devrait	*One/you ought to .....*

Les passe-temps 1

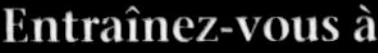

Entraînez-vous à
- parler de vos passe-temps
- vous faire de nouveaux amis

1 Regardez la photo

Identifiez Emilie.

2 Emilie et ses amis vont sortir ce soir

Où vont-ils? A quelle heure?

3 Planifiez une journée d'activités

Résumez ce qu'ils aiment faire. Écrivez les mots-clés par catégories.

Exemple:

Jean-Luc aime	Jean-Luc n'aime pas

Écrivez la liste des activités que vous allez suggérer.

In the exam, you listen to each item twice. At this stage, listen as many times as you need to.

4 Lisez le dépliant

Identifiez les passe-temps illustrés.

Si tu as moins de 26 ans, la carte jeunes te donne droit à plein de réductions dans 22 000 points carte jeunes.
carte jeunes
-26 ANS
60F
-30%
-15%
-10%
-20%
-50%
J'AI TOUT COMPRIS
TENNIS. VACANCES. DISQUES. AVION. BATEAU. RESTAURANTS. COIFFURE. FAST-FOOD. MODE. ASSURANCES. MUSEES. CINEMAS. SPORTS. HI-FI. VOYAGES. AUTO-ECOLE. FOOT-BALL.

5 Lisez les petites annonces

Trouvez un(e) partenaire pour Joe et Louise.

A Salut, je voudrais correspondre avec des garçons et des filles de n'importe quel pays mais sachant parler français. J'aime beaucoup l'équitation, la natation, le hand-ball, la musique et faire du vélo. Alors qu'attendez-vous? Tous à vos plumes et écrivez-moi vite. Réponse assurée.

B Je m'appelle Marie-Pierre et j'ai 15 ans. J'aime la nature, les animaux, danser, le théâtre et lire et je collectionne les pin's. Si vous en avez de trop, pensez à moi. Je voudrais aussi correspondre avec des garçons et des filles de 15 à 18 ans, de tous pays parlant français ou anglais.

Joe

Louise

6 Lisez cette annonce

FETE DE LA MUSIQUE ?

Vendredi 21 juin, les musiciens n'en feront qu'à leur Fête.

Débutant, amateur éclairé ou professionnel chevronné, que vous aimiez le jazz, le rock, le rap ou J.S. Bach, descendez dans la rue avec vos instruments et partagez votre plaisir avec un public disponible. Tous les lieux possibles et imaginables peuvent accueillir votre concert, fruit de l'inspiration du moment ou projet longuement mûri. Seule règle du jeu : la gratuité de votre concert. Dans toute la France, vous trouverez des interlocuteurs privilégiés dans les Directions Régionales des Affaires Culturelles, qui vous fourniront gratuitement affiches et bandeaux pour promouvoir votre manifestation. Pour vous assurer de leur soutien, pensez aussi à prévenir les autorités de votre ville.

Et si vous ne jouez d'aucun instrument, découvrez la musique des autres : la surprise est au coin de la rue. Par ailleurs, vous pouvez vous-mêmes participer à l'organisation des concerts ou les accueillir, sur votre lieu de travail, au sein d'une association, d'une école...

Pour tous, rendez-vous sur 36 15 Musique. Vous y trouverez tous les renseignements pratiques pour vous aider à faire la Fête et les concerts annoncés dans toute la France. Mieux encore : vous pouvez vous-mêmes signaler votre projet.

FAITES DE LA MUSIQUE !

Regardez les calendriers. Qui a bien noté la date de la Fête: 1, 2 ou 3?

1

L	•	3	10	17	24	31
M	•	4	11	18	25	•
M	•	5	12	19	26	•
J	•	6	13	20	27	•
V	•	7	14	21	28	•
S	1	8	15	22	29	•
D	2	9	16	(23)	30	•

2

L	•	3	10	17	24	31
M	•	4	11	18	25	•
M	•	5	12	19	26	•
J	•	6	13	20	27	•
V	•	7	14	(21)	28	•
S	1	8	15	22	29	•
D	2	9	16	23	30	•

3

L	•	3	10	17	24	31
M	•	4	11	18	25	•
M	•	5	12	19	26	•
J	•	6	13	(20)	27	•
V	•	7	14	21	28	•
S	1	8	15	22	29	•
D	2	9	16	23	30	•

A votre avis, la Fête de la Musique s'intéresse à:

A ceux qui ne jouent pas d'un instrument de musique
B ceux qui n'aiment pas la musique
C ceux qui aiment la musique **et** ceux qui jouent d'un instrument de musique.

Qu'est-ce que vous pouvez faire si vous ne jouez pas d'instrument?

7 Pratiquez cette conversation

- Qu'est-ce qu'on va faire cet après-midi?
- Ben… moi, je voudrais bien aller à la piscine.
- Bonne idée… j'aime bien nager. Je viens chez toi à quelle heure?
- Euh… à 2h 30? Ça te dit?
- Oui… et après, on peut aller prendre une pizza.
- D'accord.

Maintenant, changez-la en utilisant les dessins ci-dessous.

1

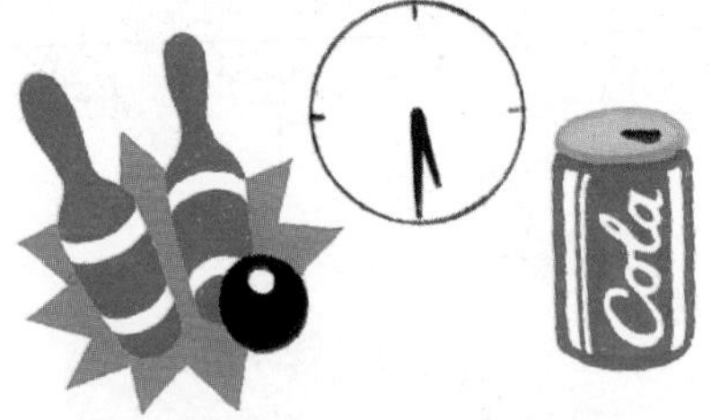

2

8 Choisissez un rôle, A ou B

A

C'est votre anniversaire aujourd'hui mais votre ami(e) ne le sait pas. Vous avez décidé d'aller au bowling et, après, vous allez l'inviter chez vous. Vous venez d'arriver chez lui/elle.

Vous commencez…

B

Votre ami(e) vous a invité d'aller au bowling ce soir. Malheureusement, vous vous sentez un peu malade. Vous avez mal à la tête et vous préféreriez rester à la maison. Votre ami(e) arrive chez vous. Qu'est-ce que vous allez dire?

Votre ami(e) va commencer.

You can use this type of role play in different contexts. It can help you be prepared for unexpected answers and situations.

9 Regardez les dessins

Quelle est la légende qui va bien avec le dessin 1?

1

2

Quel est votre passe-temps préféré?

- J'adore faire du ski.
- Moi, j'aime bien patiner.
- Ben… moi, j'aime le hockey sur glace.

Ecrivez une légende qui va bien avec le dessin 2.

10 Regardez la chambre de Paul

Résumez ce qu'il aime faire.

Que répond Paul aux questions suivantes?

- Est-ce que tu fais du sport?
- Tu es membre d'un club?
- Tu regardes souvent la télé?
- Quelles sont tes émissions préférées?
- Et qu'est-ce que tu fais le week-end?

11 Travaillez avec un(e) partenaire

Que répondez-vous aux questions (voir 10)? Inventez une conversation.

Record your conversation. Do you speak clearly? Can your friends understand you?

12 Ecrivez une lettre à Paul

Décrivez ce que vous avez fait le week-end dernier.

13 Votre ami français a envoyé un questionnaire

Peux-tu m'aider?
Ecris la liste de tes préférences: ce que tu aimes faire

à la maison	en ville	en vacances

Ecris au moins cinq activités dans chaque catégorie.

14 Lisez cette lettre

Salut! Merci pour ta lettre et les photos. Elles sont super. Tu travailles beaucoup pour les examens? Je les déteste ... mais après les examens, c'est les vacances et j'adore les vacances!

Cette année, je vais partir dans les montagnes. J'aime bien randonner et aussi faire du VTT (vélo tout terrain). Comment dit-on "VTT" en anglais? Et en plus, je vais jouer au tennis et aussi au volley. D'habitude, je joue au tennis le samedi, après le collège. C'est mon sport préféré. Et toi, qu'est-ce que tu vas faire après les examens? Qu'est-ce que tu aimes faire comme passe-temps?

Ecris-moi vite!

Marc

Vrai ou faux?

1 Marc n'aime pas faire du vélo.
2 Marc va passer les vacances au bord de la mer.
3 Marc n'a pas de sport préféré.
4 D'habitude, le samedi, Marc reste à la maison.

Changez les phrases fausses.

15 Ecrivez une lettre à Marc

Répondez à ses questions.
Vous pouvez utiliser sa lettre pour vous aider à écrire votre réponse.
Cherchez les phrases utiles.

Un peu d'entraînement

1 Questions

Trouvez les paires.

1 Qu'est-ce que...	...mettez-vous pour aller au bowling?
2 Quel...	...vous faites, d'habitude, le week-end?
3 Qui...	...vous aimez les films de Steven Spielberg?
4 Que...	...est votre passe-temps préféré?
5 Est-ce que...	...a regardé la télé hier soir?

2 Complétez les questions

Utilisez les mots/phrases dans la case.

1 ...... est ton héros?
2 ...... tu fais le soir?
3 Et ...... tu fais le week-end?
4 ..... est ton film préféré?
5 Et ...... est ton acteur préféré?
6 ...... penses-tu des westerns?
7 Et ...... penses-tu des cirques?
8 ......tu vas souvent au cinéma?

Qu'est-ce que	Quel	Que	Est-ce que

3 Répondez aux questions (voir 2)

4 Ecrivez cinq questions

Ecrivez les questions que vous voudriez poser à votre personnage préféré (par exemple votre acteur préféré ou votre sportif préféré).

Qui écrit les questions les plus intéressantes?

Vocabulaire

In this and subsequent vocabulary sections, the masculine and feminine irregular forms of adjectives are given – the regular **–e** *feminine ending is not shown.*

Les descriptions	***Descriptions***
les cheveux	*hair*
les yeux	*eyes*
bleu	*blue*
blond	*blonde*
brun	*brown*
court	*short*
de taille moyenne	*of medium (height)*
frisé	*curly*
grand	*tall*
gris	*grey*
long/longue	*long*
mince	*thin*
noir	*black*
noisette	*hazel*
petit	*small*
raide	*straight (hair)*
vert	*green*
avoir	*to have*
être	*to be*

Les passe-temps	***Pastimes***
la boum	*party*
le bowling	*bowling*
le bricolage	*DIY*
les cartes	*cards*
le chanteur/la chanteuse	*singer*
la chorale	*choir*
le cinéma	*cinema*
le concert	*concert*
le correspondant/ la correspondante	*penfriend*
la cuisine	*cooking*
le cyclisme	*cycling*
le dessin	*drawing*
la discothèque	*disco*
le disque	*record*
les échecs	*chess*
l'équitation *f*	*horse-riding*
l'informatique *f*	*IT*
le jazz	*jazz*
les jeux vidéo	*computer games*
la lecture	*reading*
la maison des jeunes	*youth club*
la maquette	*model*
le match (de football/ tennis, *etc*)	*(football, tennis, etc) match*
le musée	*museum*
la musique classique	*classical music*
l'ordinateur *m*	*computer*
le parc d'attractions	*amusement park*
la patinoire	*ice rink*
la pêche	*fishing*
la peinture	*painting*
la piscine	*swimming pool*
la poésie	*poetry*
la promenade	*walk*
la radio	*radio*
la randonnée	*hike*
le spectacle	*show*
le sport	*sport*
le stade	*stadium*
la télévision	*television*
le théâtre	*theatre*
la vidéo	*video*
la voile	*sailing*
accompagner	*to go with*
aimer	*to like*
aller à la pêche	*to go fishing*
aller voir des amis	*to go and see friends*
aller à …	*to go to …*
avoir rendez-vous avec quelqu'un	*to be meeting somebody*
bricoler	*to do DIY*
chanter	*to sing*
collectionner	*to collect*
cuisiner	*to cook*
danser	*to dance*
dessiner	*to draw*
détester	*to hate*
donner rendez-vous à quelqu'un	*to arrange to meet someone*
écouter	*to listen*
écrire	*to write*
faire de la voile	*to go sailing*
faire du vélo	*to go cycling*
inviter	*to invite*
jouer de (+ instrument de musique)	*to play (a musical instrument)*
lire	*to read*
monter à cheval	*to ride a horse*
patiner	*to skate*
préférer	*to prefer*
(se) promener	*to walk*
regarder	*to watch*
rentrer	*to go home*
se rencontrer	*to meet*
sortir	*to go out*
vouloir	*to want/wish*
Tu regardes souvent la télé?	*Do you often watch TV?*
Qu'est-ce que tu fais le week-end?	*What do you do at the weekend?*
J'aime bien le sport.	*I like sport.*
J'aime ça.	*I like that.*
Le samedi, je vais à la piscine.	*On Saturdays, I go to the swimming pool.*
D'habitude, je fais du vélo.	*I usually go out on my bike.*
Je sors avec mes amis.	*I go out with my friends.*
C'est génial.	*It's great.*
C'est ennuyeux.	*It's boring.*
C'est intéressant.	*It's interesting.*

Le sport 2

Entraînez-vous à:
- parler du sport
- acheter des billets

1 Lisez ces extraits

A regarder ce week-end
Rugby: France/Ecosse
15 heures

A enregistrer
Tennis: la finale hommes de l'Open d'Australie, 2h 30

Pour les amateurs des sports d'hiver
Ski alpin: Championnats du monde

N'oubliez pas
Basket: en direct de Paris,
15h 30

Match amical
Football: France/Danemark, en direct de Copenhagen,
20h 30

A vos patins
Patinage artistique: Championnats du monde, en direct de Birmingham, en Angleterre
18h 30

Notez tous les sports mentionés.

2 Ecoutez ces huit interviews

Notez un sport pour chaque personne.

Read the instructions carefully before listening to the cassette

3 Vous aimez le rugby

Ecoutez la cassette. Notez la date et l'heure du match.

4 Ecoutez deux interviews

Résumez la journée typique de chaque sportif.

Listen and take notes while you listen.

5 Vous aimez les sports d'hiver?

Read the statements carefully.

Identifiez les skieurs.

Les skieurs

Observez bien ces trois skieurs, et à l'aide des informations ci-dessous, vous pourrez déterminer le nom de chacun, ainsi que la ville d'où il vient.

- Bob a un bonnet rouge.
- Alex a un pull rayé.
- Celui qui vient de Rouen a des bâtons de ski.
- Celui qui vient de Grenoble a une moustache.
- Karim et le Parisien portent l'un et l'autre des lunettes.

6 Lisez le texte

En direct de Sierra Nevada

Cette année Sierra Nevada accueille les championnats du monde de ski alpin qui se déroulent du 30 janvier au 12 février au cœur de ce massif andalou, proche de Grenade et dominé par le mont le plus haut d'Espagne, le Mulhacén (3481 mètres). Les compétitions de ski acrobatique se dérouleront, elles, en France, à La Clusaz, à partir du 13 février. Celles de ski nordique se disputeront au Canada, au mois de mars. France 2 et France 3 retransmettent en direct les principales épreuves du championnat de ski alpin. Pour les amateurs de grands frissons!

Répondez aux questions.

- On parle du ski alpin, du ski nordique et du ski acrobatique. Trouvez les symboles correspondants.

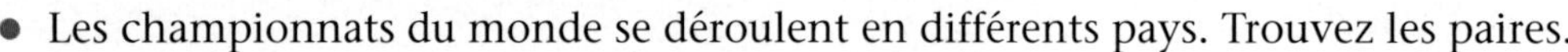

- Les championnats du monde se déroulent en différents pays. Trouvez les paires.

le ski alpin... ... en France
le ski nordique... ... en Espagne
le ski acrobatique... ... au Canada

- Est-ce que vous pouvez regarder le ski alpin, le ski nordique ou le ski acrobatique à la télévision?

7 Lisez l'interview

"Je donne le maximum pour les spectateurs"

Okapi : À quel âge avez-vous commencé le patinage ?

Philippe Candeloro : J'ai commencé à 7 ans et demi, avec l'école, à Colombes. Toutes les classes allaient à la patinoire une fois par semaine et le prof de patinage m'a repéré. La vitesse et les sauts, ça me plaisait. Même si les copains me disaient que le patinage était un sport de filles... Je suis allé à la patinoire tous les soirs. Puis, j'ai commencé le sport-études : six ou sept heures de patinage par jour et des cours par correspondance. Au bout de deux ans, je suis devenu champion de France espoir.

Okapi : Comment se déroulent vos journées ?

Philippe Candeloro : Je me lève vers 9 heures – avant, j'ai vraiment du mal ! Je travaille un peu dans la société que j'ai créée, pour gérer mes affaires. À 11 heures, je m'entraîne à la patinoire. Vers 12 h 30, je fais une pause d'une demi-heure pour grignoter un peu. Puis, je remonte en piste, jusqu'à 14 heures. De 14 heures à 15 heures, je travaille ma condition physique : musculation, pompes, footing... À 15 heures, j'ai le droit de manger. Je rentre chez moi et je fais la sieste. Je retourne à la patinoire vers 17 h 30 et je m'entraîne encore une heure. Puis, je travaille à nouveau ma condition physique. Je rentre chez moi vers 20 h 30, et en général, je n'ai pas envie de ressortir !

CARTE D'IDENTITÉ

Nom: Candeloro

Prénom: Philippe

Né le: 17 février 1972, à Courbevoie

Nationalité: française. Père d'origine italienne.

Taille: 1,70 mètre.

Poids: 68 kilos.

Qualité: "gentil, trop gentil parfois".

Défaut: "toujours en retard".

Don't panic if you don't understand everything. You only need to pick out the key words.

Répondez aux questions.

- Philippe s'entraîne pour combien d'heures?
- Il s'entraîne à la patinoire, bien sûr. Mais que fait-il aussi pour s'entraîner?
- Est-ce qu'il aime sortir le soir?
- Quels sports fait-il?

8 Quels sont vos qualités et vos défauts?

Préparez votre carte d'identité.

9 Lisez le dépliant

Trouvez les activités qui correspondent aux dessins.

Vite! Bouclons les valises: nous partons en Dauphiné.

Sports d'été

Les vacances, c'est d'abord pour s'éclater! Skier l'été en maillot de bain (ou en plein soleil au milieu d'hiver); escalader le rocher toujours complice; se défoncer sur un court de tennis; découvrir fleurs et faune sur des chemins de randonnée qui sentent bon le sous-bois et fleurent bon la France; se baigner dans des eaux un peu fraîches

ou dans des piscines fumantes au cœur des stations; visiter les entrailles de la terre avec un club spéléo; ou encore, sac au dos, à la pêche à la truite...

Informations/réservations

Maison du Tourisme Dauphiné-Grenoble
14, rue de la République BP 227
38019 Grenoble Cedex
Tél. 76.54.34.36 - Télex 980 718

Vous cherchez des renseignements supplémentaires. Notez l'adresse et le numéro de téléphone qui vous conviennent.

10 Regardez les dessins et lisez la bulle

1

Pendant les vacances, j'aime bien observer les oiseaux, faire des randonnées dans la campagne et nager.

2

3

Ecrivez une bulle qui va bien avec les dessins 2 et 3.

Et vous, qu'est-ce que vous aimez faire? Ecrivez une bulle.

11 On fait un sondage

Répondez aux questions.

1 *Est-ce que vous faites du sport au collège?*

2 *Quels sports faites-vous?*

3 *Est-ce que vous regardez le sport à la télévision?*

4 *Où passez-vous les vacances, d'habitude?*

5 *Aimez-vous faire du sport pendant les vacances?*

6 *Que faites-vous, d'habitude, pendant les vacances?*

Keep a note of the key phrases you use. You can use these to help you revise.

12 Relisez le dépliant (voir 9)

Imaginez que vous avez passé des vacances en Dauphiné.
Ecrivez une carte postale à votre ami français.
Dites-lui ce que vous avez fait pendant les vacances.

13 Ecoutez la cassette

Lisez ce dialogue.

- Bonjour.
- Bonjour, madame. Deux billets pour le match de football, s'il vous plaît.
- Deux billets? Voilà... C'est 58 francs.
- Merci, madame. Le match commence à quelle heure?
- A 14 heures trente.
- A 14 heures trente?
- Oui, c'est ça.

Changez le dialogue et achetez les billets ci-dessous.

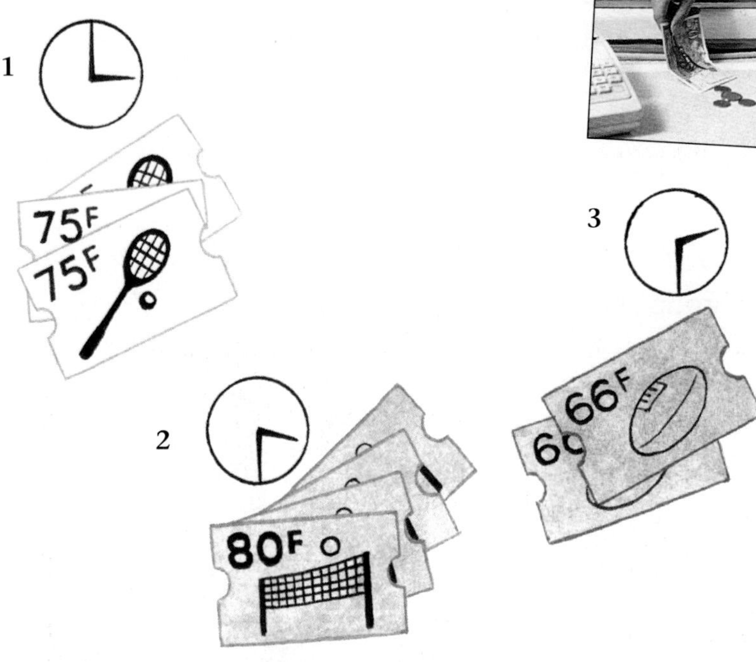

14 Que faites-vous pendant la semaine?

1 Est-ce que vous faites du sport?
2 Etes-vous membre d'un club?
3 Résumez une semaine typique.

Lundi, je vais au collège à 8h.

4 Maintenant, décrivez une semaine idéale.

Lundi, je me lève à 10h 30.

5 Que feriez-vous? Où iriez-vous?

Au cinéma, on joue 'Roméo et Juliette'. Un monsieur demande deux places.
- Pour 'Roméo et Juliette'? demande la caissière.
- Non, pour ma femme et moi.

Draft your notes in rough first. Read and correct them and then write out your description neatly.

Un peu d'entraînement

1 Au présent

Complétez les phrases suivantes.

êtes	va	joue	allons	fais

1 Est-ce que tu ...... du sport?
2 Est-ce que ton frère ...... au match, lui aussi?
3 Ma soeur ...... au handball.
4 Nous ...... au stade. Ça te dit?
5 Vous ...... membre d'un club?

2 Complétez ces questions

1 Est-ce que vous (faire) du sport au collège?
2 Vous (préférer) le football ou le rugby?
3 Est-ce que vous (aller) souvent au centre omnisports?
4 Est-ce que vous (s'entraîner)?
5 Vous (aimer) sortir le soir?
6 (Etre)-vous membre d'un club?

3 Que répondez-vous aux questions (voir 2)?

4 Regardez bien

Résumez les passe-temps de ces jeunes Français.

1

2

Vocabulaire

Les sports	***Sports***
l'aérobic *f*	*aerobics*
l'alpinisme *m*	*mountaineering*
l'athlète *m/f*	*athlete*
l'athlétisme *m*	*athletics*
le baby-foot	*table football*
le badminton	*badminton*
la balle	*small ball*
le ballon	*(larger) ball*
le basket(ball)	*basketball*
les baskets	*trainers*
la bicyclette	*bicycle*
le billard	*billiards*
la boxe	*boxing*
la canne à pêche	*fishing rod*
le canoë	*canoe/canoeing*
la chasse	*hunting*
le concours	*competition*
la coupe	*cup*
la course	*race*
le cyclisme	*cycling*
l'entraînement *m*	*training*
l'entraîneur *m* / l'entraîneuse *f*	*trainer*
l'équipe f	*team*
l'équitation *f*	*horse-riding*
l'escalade *f*	*climbing*
l'escrime *f*	*fencing*
le/la fan(atique) de ...	*fan of ...*
le foot(ball)	*football*
le footballeur	*footballer*
le gagnant	*winner*
le golf	*golf*
le/la gymnaste	*gymnast*
la gymnastique	*gymnastics*
l'haltérophilie *f*	*weight-lifting*
le handball	*handball*
le hockey (sur glace)	*(ice) hockey*
les jeux olympiques	*Olympic games*
le jogging	*jogging/tracksuit*
le joueur/la joueuse	*player*
le judo	*judo*
le karaté	*karate*
le maillot	*jersey*
le maillot de bain	*swimming costume*
le match	*match*
le moniteur/la monitrice	*instructor*
la natation	*swimming*
le patin (à roulettes)	*(roller) skate*
le patinage (à roulettes)	*(roller) skating*
le patineur/la patineuse	*skater*
la patinoire	*ice rink*
la piscine	*swimming pool*
la piste	*track*
la planche à voile	*windsurfing*
la plongée	*diving*
la raquette	*racket*
le record	*record*
le résultat	*result*
le rugby	*rugby*
le short	*shorts*
le ski (de piste/de fond/ nautique)	*(downhill/cross-country/ water) skiing*
le skieur/la skieuse	*skier*
le spectateur/la spectatrice	*spectator*
le sportif/la sportive	*sportsman/sportswoman*
le squash	*squash*
le stade	*stadium*
le sweat(shirt)	*sweatshirt*
le tee-shirt	*T-shirt*
le tennis	*tennis*
les tennis	*tennis shoes*
le tennis de table	*table tennis*
le terrain de jeux	*playing field*
le terrain	*pitch*
le tir à l'arc	*archery*
le tournoi	*tournament*
le vélo	*bike*
la voile	*sailing*
le volley(-ball)	*volleyball*
professionnel/professionnelle	*professional*
assister à	*to be (present) at/to witness*
battre	*to beat*
courir	*to run*
escalader	*to climb*
faire du sport	*to play games*
faire de ...	*to do ...*
gagner	*to win*
grimper	*to climb*
jouer à	*to play*
marcher	*to walk*
monter à cheval	*to ride a horse*
nager	*to swim*
participer à	*to take part in*
patiner (à roulettes)	*to (roller) skate*
pêcher	*to fish*
perdre	*to lose*
plonger	*to dive*
prendre part à	*to take part in*
sauter	*to jump*
skier	*to ski*
tirer	*to shoot*
vaincre	*to beat*
Je fais partie d'un club de judo.	*I belong to a judo club.*
Je m'entraîne trois fois par semaine.	*I train three times a week.*
Je fais de l'athlétisme depuis trois ans.	*I have been doing athletics for three years.*

L'argent 3

Entraînez-vous à
- parler des métiers
- parler de l'argent

1 Etre mannequin, ça vous intéresse?

Lisez l'article et répondez aux questions.

Mannequin, métier de rêve ou carrière de pierre?

Tu les vois tous les jours dans les magazines, à la télévision. Tu t'imagines qu'elles gagnent des fortunes. Et bien sûr, rien ne te tente plus que de vivre cette aventure. Méfiance: la beauté a souvent sa place entre le paradis et l'enfer.

Tout d'abord tu dois connaître l'envers du décor. Mannequin, c'est une carrière de pierre: une discipline de fer ponctuée par les régimes, une hygiène de vie draconienne, l'épuisement des voyages et des prises de vue qui si prolongent bien souvent au-déla des huit heures.

Les exigences sont innombrables: impératifs de taille (1,74 à 1,84), de poids, de forme de visage. Tu dois savoir que sur trois mille ou quatre mille mannequins, il y en a trente qui 'tournent'. Parmi elles, cinq stars.

Parlons argent

En presse, la journée de base de 5 heures est payée de 1700 F à 4700 F. En publicité, la journée est de 8 heures, payée de 4800 F à 9300 F. Les tops modèles peuvent être "cotées' à des tarifs pouvant aller jusqu'à 50 000 F par jour. Mais les top modèles se comptent sur les doigts des deux mains.

- Vrai ou faux? D'habitude on travaille huit heures par jour.
- Votre amie mésure 1 mètre 70. Elle pourrait devenir mannequin?
- Vrai ou faux? Les tarifs de presse sont plus élévés que les tarifs de publicité.
- Est-ce que l'article parle des avantages ou des inconvénients du métier?
- Est-ce que vous voudriez être mannequin? Si oui, si non, pourquoi?

Read the article straight through once. Then read it again and identify the key idea in each paragraph. Remember, you don't need to understand every word.

2 Regardez les dessins

Trouvez les paires.

a b c d e

1 Je suis médecin
2 Moi, je voudrais être ingénieur
3 Ma mère est dentiste
4 Mon père est agent de police
5 Je vais être technicien

3 Ecoutez la cassette

Que veulent-elles faire comme métier?

4 Recopiez le nom qui correspond à chaque définition

1 Une personne qui travaille pour un journal.
2 Une personne qui entretient et qui répare les machines.
3 Une personne qui fait le métier d'arranger les cheveux.

une secrétaire	un mécanicien
un coiffeur	un journaliste
un professeur	

Ecrivez une définition pour les métiers qui restent.

5 On fait un sondage sur les métiers

Ecoutez ces trois Français et notez:

- ce qu'ils pensent de leur métier;
- les avantages et les inconvénients de chaque métier;
- ce qu'ils aimeraient faire

Listen first without writing anything. Then pause the tape and note down key words and phrases. Then listen again.

6 Que fait votre famille dans la vie?

Ecrivez deux ou trois phrases sur ce qu'ils font.

Exemple:
Mon père est informaticien.
Ma mère est médecin.
Mon frère est au chômage.

7 Lisez l'article

Trouvez quelqu'un qui:

- garde des enfants;
- fait de petits travaux à la maison;
- voudrait travailler avec le public;
- ne travaille pas.

Que faites-vous pour gagner de l'argent?

1 Je reçois de l'argent de poche, mais de temps en temps, j'ai besoin d'une augmentation. A ces moments-là, je travaille pour mes parents et pour mes grands-parents. Je lave la voiture ou je fais les achats. En été, je désherbe le jardin. Ce n'est pas grand-chose, mais ça me suffit.

2 A mon avis, c'est une bonne idée d'apprendre à gérer un budget. Je travaille, donc, pour gagner de l'argent. Je ne fais que du babysitting, parce que je vais au collège mais j'ai la possibilité de gagner de l'argent. Avec l'argent, j'achète des disques et je vais au cinéma.

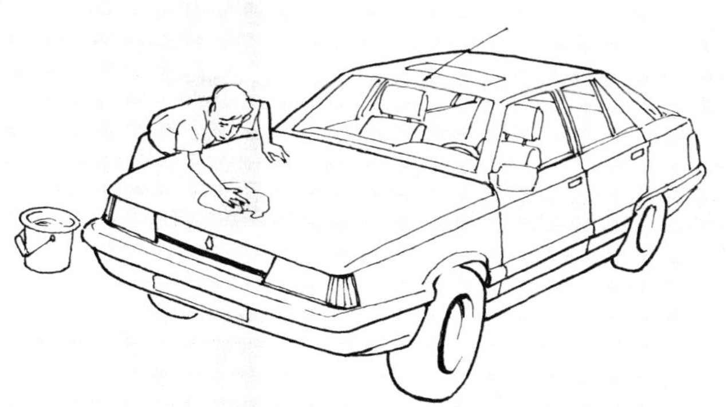

3 Mes parents me donnent de l'argent de poche parce qu'ils ne veulent pas que je travaille pour gagner de l'argent.

4 Pendant les grandes vacances je travaille dans un magasin. Je le trouve intéressant. J'aime bien rencontrer les gens qui viennent dans le magasin. Plus tard, je voudrais bien être vendeuse dans un grand magasin à Paris.

8 Que faites-vous pour gagner de l'argent?

Ecrivez votre réponse pour le magazine.

Exemple:
Je reçois de l'argent de poche mais je livre les journaux aussi pour gagner de l'argent.

Identify and copy the key words and phrases. You can then use them to write your own answer.

9 Lisez cette fiche

Nom: Sophie JAUBERT
Age: 17 ans
Lieu de naissance: Lille, France
Adresse: 31, rue de Tourcoing, Roubaix
Famille: un frère
Langues parlées: anglais
Passe-temps: la lecture, le cinéma, le footing
A l'avenir: L'année prochaine, je vais passer le baccalauréat. Après le bac, je voudrais aller à l'université parce que j'espère être avocate.

Vrai ou faux?

1 Sophie est fille unique.
2 Elle a déjà passé le baccalauréat.
3 Elle parle l'anglais.
4 Elle voudrait aller à l'université.
5 Elle n'aime pas lire.
6 Elle ne fait pas de sport.

10 Lisez la lettre de Fabienne

Je m'appelle Fabienne Pascal. J'ai 18 ans et j'habite à Marseille en France. J'habite avec ma famille: mon père, Philippe est pompier et ma mère, Amélie, travaille chez Air France. J'ai deux soeurs, Marie-Pierre et Juliette.

Cette année, je vais passer le baccalauréat, et après, je voudrais bien voyager avant d'aller à l'université. Je vais être professeur d'anglais, et je parle anglais et espagnol. Il y a deux ans, je suis allée à Oxford avec mes parents, et je voudrais bien retourner en Angleterre pour me perfectionner en anglais.

Comme passe-temps, j'aime bien nager, lire et aller au théâtre. J'aime aussi danser. Pour gagner de l'argent, je fais du baby-sitting et, pendant les vacances, je travaille dans un petit magasin en ville.

Répondez aux questions de vos parents.

How old is she?

What does she like doing in her spare time?

Does she speak English?

Has she ever been to England?

11 Relisez les deux textes (voir 9 et 10)

Est-ce que Sophie et Fabienne donnent les mêmes détails?

12 Préparez une fiche sur vous (voir 9)

13 Complétez le test

Utilisez votre dictionnaire pour vous aider.

Êtes-vous radin ou dépensier ?

On dit que l'argent brûle les doigts, même quand il est liquide ! Votre argent de poche, le dépensez-vous très vite ou bien au contraire l'économisez-vous pour le jour où vous en aurez besoin ?

1 Vous avez l'âme d'un collectionneur. Quelle est pour vous la plus distrayante des collections ?
a) Des K7 vidéo.
b) Des télécartes.
c) Des boîtes d'allumettes.

2 Un de vos copains aime acheter régulièrement un billet de "Tac O Tac". Vous vous dites :
a) Il tente sa chance.
b) Il a besoin de rêver.
c) Il gaspille son argent de poche.

3 Vos grands-parents vous ont offert cinq cent francs pour votre anniversaire...
a) Vous mettez ce billet dans votre tirelire.
b) Vous vous achetez aussitôt un jeu électronique.
c) Vous achetez le nouveau Larousse illustré.

4 Laquelle de ces petites bêtes vous est la plus sympathique ?
a) La luciole.
b) L'abeille.
c) La libellule.

5 Un incendie se déclare. Que sauvez-vous en premier des flammes ?
a) Vos quelques billets de banque.
b) Des souvenirs.
c) Vos cahiers de cours.

Regarde ce que j'ai acheté avec mes économies.... Génial, non ?...

6 Vous partez en voyage avec votre classe. Vos parents vous donnent de l'argent de poche...
a) Vous achetez des souvenirs.
b) Vous l'économisez et rendez à votre retour ce qui vous reste à vos parents.
c) Vous le gardez pour plus tard.

7 Vous êtes invité chez un copain pour son anniversaire...
a) Vous choisissez un petit gadget que vous payez avec votre argent de poche.
b) Vous demandez à votre mère d'acheter un cadeau.
c) Vous vous cotisez avec un ami pour offrir un beau cadeau.

8 Un copain sèche lamentablement pendant un examen et tente de copier sur vous...
a) Vous le laissez faire sans vous en préoccuper.
b) Vous poussez votre copie pour qu'il voie mieux.
c) Vous vous éloignez et cachez ce que vous écrivez.

Résultats

Dans ce tableau, cochez, pour chaque question, la lettre qui correspond à votre réponse. Lisez le texte qui correspond à la ligne où vous avez le plus de cases cochées.

1	2	3	4	5	6	7	8	Vous êtes plutôt...
c	c	a	b	a	c	b	c	radin
b	a	c	a	c	b	a	a	économe
a	b	b	c	b	a	c	b	dépensier

radin

C'est bien de ne pas trop dépenser d'argent quand on n'en a pas beaucoup. Mais c'est dommage de se montrer radin et de ne jamais rien acheter ni pour soi ni pour les autres. Sans dépenser toutes vos économies, dites-vous qu'elles ne servent pas à grand chose au fond d'un tiroir.

économe

L'argent est fait pour être dépensé. Vous en êtes conscient puisque vous n'hésitez pas à offrir des cadeaux à ceux que vous aimez, à vous montrer généreux quand cela est nécessaire. Par ailleurs, vous ne dilapidez pas bêtement vos petites économies. C'est donc très bien ainsi.

dépensier

Attention, l'argent vous brûle les doigts ! Faites quelques précieuses économies, au moment de Noël par exemple ou de votre anniversaire. Ainsi, quand un objet vous fera très envie, vous pourrez vous l'offrir sans rien demander à quiconque.

14 Lisez le questionnaire

Que répondez-vous aux questions suivantes?

- **Est-ce que vous recevez de l'argent de poche?**

  Je reçois 100 francs par semaine.

- **Est-ce que vous travaillez pour gagner de l'argent? Si oui, que faites-vous?**

  Oui. Je fais de petits travaux. Je lave la voiture et je fais les achats pour mes grands-parents.

- **Combien d'argent gagnez-vous?**

  Ça dépend. Mais, normalement, mes parents me donnent 50 francs quand je lave la voiture.

- **Qu'est-ce que vous achetez, d'habitude?**

  J'aime bien acheter des disques ou des cassettes. J'achète aussi des vêtements, surtout des sweatshirt, des shorts et des T-shirts pour jouer au football. Avec l'argent, je vais au cinéma et au stade pour regarder les matchs de football.

- **Si vous gagniez 2 000 francs par semaine que feriez-vous?**

  Si je gagnais 2 000 francs par semaine, j'achèterais un console de jeux Nintendo. J'achèterais aussi beaucoup de jeux. En plus, j'aimerais acheter un lecteur de disques compact. Et je mettrais de l'argent à côté pour les vacances. J'irais au Brésil pour regarder les meilleurs footballeurs du monde!

- **Quel est votre métier de rêve? Si vous aviez le choix, que feriez-vous?**

  Je voudrais être footballeur. Je fais du foot dans un club mais à l'avenir je voudrais devenir professionnel. Mon rêve serait de jouer en Italie, par exemple pour l'équipe AC Milan. Mais je voudrais aussi jouer pour l'équipe nationale. A mon avis, pour un footballeur, ça devrait être le meilleur moment de sa vie.

Lisez les réponses.

- Combien d'argent de poche reçoit-il?
- Qu'est-ce qu'il aime acheter?
- Que fait-il avec l'argent?
- Quel est son sport préféré?
- Résumez son rêve.

Re-read the responses given. Use what you can to help you write your own answers.

15 Ecrivez vos réponses aux questions (voir 14)

Un peu d'entraînement

1 Les verbes au conditionnel

Complétez les phrases suivantes.
Combien de phrases écrivez-vous en cinq minutes?

1 Si j'avais assez d'argent...
2 Si j'avais une voiture...
3 Si j'avais trente ans...

je j'	serais ferais irais achèterais aimerais habiterais aiderais	au théâtre tous les soirs. beaucoup de chocolat. les Médecins sans Frontières. au bord de la mer. une grande maison. très content(e). dans les Alpes. du ski pendant les vacances. les Sans Domicile Fixe (ceux qui n'ont pas de logement). à Paris. acheter beaucoup de vêtements.

2 Je pourrais t'aider?

Regardez les dessins. Que dites-vous?

Exemple:
Je pourrais téléphoner à mes parents?

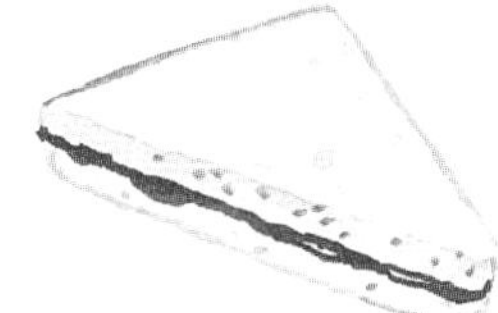

3 Des conseils

Regardez les dessins. Ecrivez un conseil pratique pour chaque personne.

Exemple:
Tu devrais aller chez le dentiste.

Vocabulaire

Les emplois	***Jobs***
l'acteur *m* / l'actrice *f*	*actor/actress*
les affaires	*business*
l'agent de police *m*	*police officer*
l'agriculteur *m*	*farmer*
l'architecte	*architect*
l'avocat *m* / le avocate *f*	*lawyer*
le boucher	*butcher*
le boulanger	*baker*
le bureau	*office*
le chanteur/la chanteuse	*singer*
le charcutier	*pork butcher*
le charpentier	*carpenter*
le chauffeur (d'autobus/de taxi)	*(bus/taxi) driver*
le coiffeur/la coiffeuse	*hairdresser*
le comédien/la comédienne	*comedian/actor*
le/la comptable	*accountant*
le/la concierge	*caretaker*
le constructeur	*(structural) engineer*
le cuisinier/la cuisinière	*cook*
la dactylo	*typist*
le/la dentiste	*dentist*
le docteur	*doctor*
l'électricien *m* / l'électricienne *f*	*electrician*
l'employé *m* / l'employée *f* (de banque/de bureau)	*(bank/office) employee*
l'étudiant *m* / l'étudiante *f*	*student*
le/la fonctionnaire	*civil servant*
la formation	*training*
le garçon (de café)	*waiter*
le gendarme	*policeman*
l'infirmier *m* / l'infirmière *f*	*nurse*
l'ingénieur *m*	*engineer*
l'instituteur *m* / l'institutrice *f*	*primary school teacher*
le/la journaliste	*journalist*
le magasin	*shop*
le mannequin	*model*
le mécanicien/la mécanicienne	*mechanic*
le médecin	*doctor*
le métier	*job/trade*
le patron/la patronne	*boss*
le/la photographe	*photographer*
le pompier	*firefighter*
le professeur	*teacher*
le/la secrétaire	*secretary*
la serveuse	*waitress*
le/la standardiste	*(switchboard) operator*
le technicien/la technicienne	*technician*
le travail	*work*
l'usine *f*	*factory*
le vendeur/la vendeuse	*shop assistant*
au chômage	*unemployed*
chercher/trouver un emploi	*to look for/find work*
faire une demande d'emploi	*to apply for a job*
travailler	*to work*

L'argent de poche	***Pocket money***
le billet de banque	*bank note*
le chèque de voyage	*traveller's cheque*
le compte d'épargne	*savings account*
la dépense	*expense*
les espèces *f*	*cash*
le livret d'épargne	*savings book*
la monnaie	*change*
la pièce	*coin*
le portefeuille	*wallet*
le porte-monnaie	*purse*
le prix	*price*
la tirelire	*money box*
bon marché	*cheap*
cher/chère	*dear/expensive*
économe	*thrifty*
radin	*stingy*
acheter	*to buy*
coûter	*to cost*
dépenser	*to spend*
économiser	*to economise*
faire les achats	*to go shopping*
gagner	*to earn*
gaspiller	*to waste*
mettre de l'argent de côté	*to put money away*
payer	*to pay*
recevoir	*to receive*
Je travaille pour gagner de l'argent.	*I work to earn money.*
Je fais du baby-sitting.	*I do babysitting.*
Je lave la voiture.	*I wash the car.*
Est-ce que tu reçois de l'argent de poche?	*Do you receive pocket money?*
Combien d'argent gagnez-vous?	*How much money do you earn?*
Que faites-vous avec l'argent?	*What do you do with your money?*
J'aime bien acheter des vêtements.	*I like to buy clothes.*

Au lycée 4

Entraînez-vous à
- parler du collège
- exprimer votre opinion sur les matières, les professeurs et les clubs

1 On parle du lycée

Quand vous parlez du lycée, vous pouvez mentionner:

les matières   les équipements   ce que vous en pensez

Combien de mots pouvez-vous écrire sous chaque titre?

Exemple:
les matières
le français   les maths

2 Voici un aide-mémoire

Writing words in lists or categories is a good way to help you learn and revise them.

Recopiez les mots sous chaque titre (voir 1).

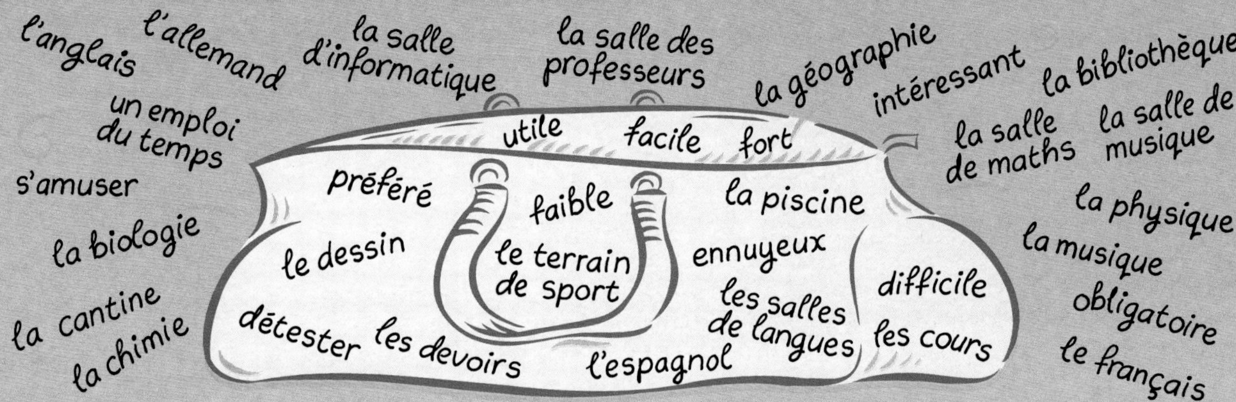

3 Regardez vos listes

Choisissez une matière et un adjectif.
Ecrivez une phrase.

Exemple:
Je suis fort(e) en maths

Ajoutez d'autres détails.

Moi, je suis forte en maths. C'est intéressant et aussi utile. A mon avis, c'est plus utile que l'histoire-géo.

4 Choisissez cinq matières

Ecrivez le plus possible de détails sur ce que vous en pensez.

Exemple:
Moi, j'aime bien les langues, et je suis fort en espagnol.
J'étudie l'espagnol depuis six mois et je voudrais bien aller en Espagne.

5 Vous allez au lycée

Votre ami français parle de son emploi du temps. Ecoutez bien et notez les matières et les numéros des salles de classe.

6 Trois élèves parlent du lycée

Qu'est-ce qu'ils en pensent? Ecrivez votre réponse.

Listen to their tone of voice. It will give you a clue to what they think.

7 Ecoutez la cassette

Un jeune Français parle du lycée.
Vous allez prendre des notes.
Vous voulez savoir:

- à quelle heure les cours commencent
- ses matières préférées
- ce qu'il pense du lycée.

You use different strategies when you listen. Sometimes you only have to understand the key words; sometimes you have to understand the details; and sometimes the tone of voice will help you to understand what is being said.

8 Vous êtes dans la cour

Des jeunes Français vous parlent de votre lycée. Que répondez-vous aux questions?

Exemple:
- Tu aimes le lycée?
- Oui… assez. Parfois, c'est un peu ennuyeux, mais j'aime bien voir mes copains. On s'amuse.

1 Tu aimes le lycée?
2 Tu as beaucoup de devoirs?
3 Les cours commencent à quelle heure?
4 Quelle est ta matière préférée?
5 Tu portes un uniforme?

Ecrivez vos réponses et enregistrez-les, si possible.

Answer the questions. Try not to give one word answers. It is more interesting if you give as much extra detail as possible.

9 Vous avez perdu votre cartable

Vous allez au bureau des objets trouvés. Voici votre cartable.

Complétez le dialogue. C'est à vous de commencer:

- Je cherche …

- Où l'avez-vous perdu?
-

- Il est comment?
- (*Décrivez-le!*)
- Qu'est-ce qu'il y a dedans?

- Voyons… C'est à vous?

(N'oubliez pas de dire merci.)

ROCH VOISINE: histoire de rester dans un domaine qui vous tient à cœur, nous l'avons questionné sur ses "années collège".

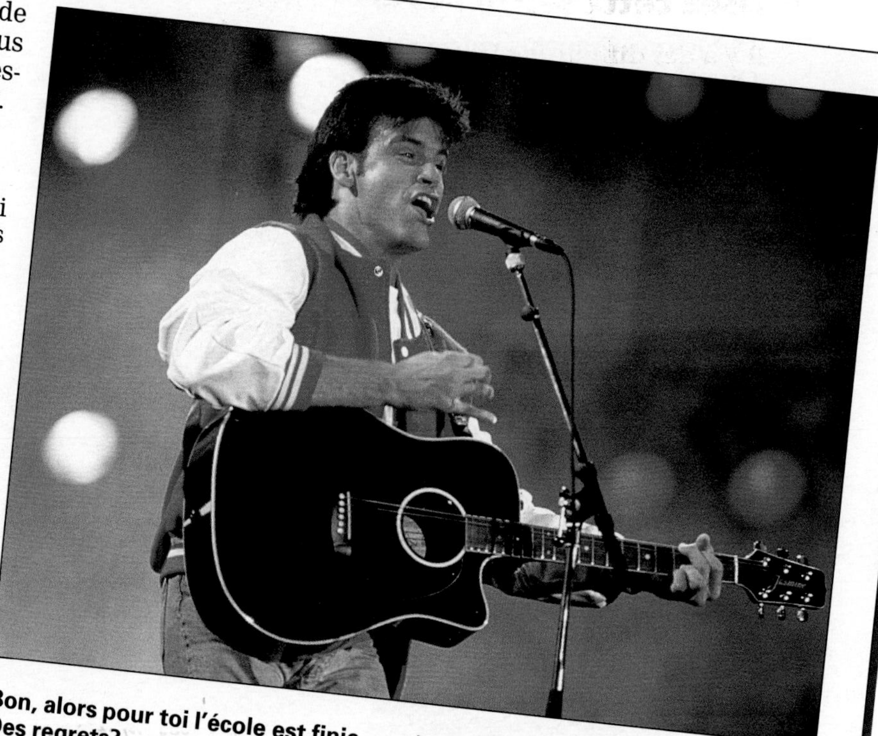

Tes souvenirs d'écolier sont-ils bons ou mauvais?
Bon dans l'ensemble. Je n'ai eu ni des moments très difficiles, ni des problèmes particuliers.

A la fin de tes bulletins, quelles étaient les annotations de tes professeurs?
Elève appliqué. De toute façon, je n'avais pas le choix, car mon père et ma mère sont tous deux professeurs.

Portais-tu un uniforme?
Non, car j'allais dans une école publique. Donc pas d'uniforme. J'étais très rangé avec les cheveux très courts.

Dans quelle matière étais-tu le plus fort?
Les sciences, la biologie.

Et celle dans laquelle tu étais archi nul?
J'ai toujours eu horreur de la chimie. C'était très abstrait pour moi, et je détestais aussi la physique. Heureusement pour moi, un jour, je me suis réconcilié avec ces deux matières. Pour mes études de kiné et de physio, c'était très important.

Bon, alors pour toi l'école est finie. Des regrets?
Oui et non, j'ai eu quand même beaucoup de plaisir à l'école. Ce n'était pas très difficile, mais, bon, il faut travailler, et on n'en a pas toujours envie!

Quel conseil donnerais-tu à ceux qui y vont encore?
Qu'ils s'accrochent! Il y a un âge où l'on n'aime pas aller à l'école et même si nos parents et les éducateurs nous disent que c'est très important l'école, certains cours nous ennuient profondément. Maintenant, il faut savoir une chose, c'est que ces cours qui vous semblent inutiles forment votre façon de penser. Tous ceux qui ont quitté l'école parce qu'ils en avaient marre se sont dit la même chose cinq ou six ans après: «J'aurais dû rester à l'école!» Donc, s'il vous plaît, faites-vous une faveur, comme on dit chez nous, et restez à l'école parce que ça en vaut vraiment la peine...

10 Lisez l'article

Répondez aux questions.

- Les parents de Roch Voisine, que font-ils dans la vie?
- Regardez ces symboles. Ecrivez la lettre des matières mentionnées dans le texte.

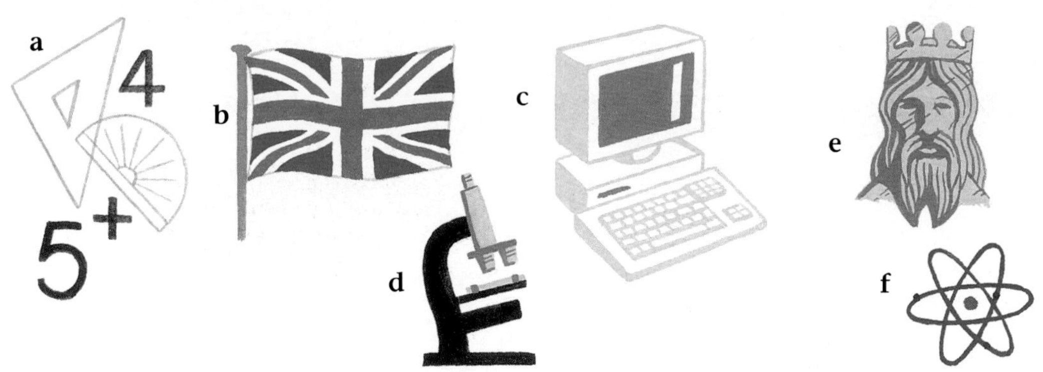

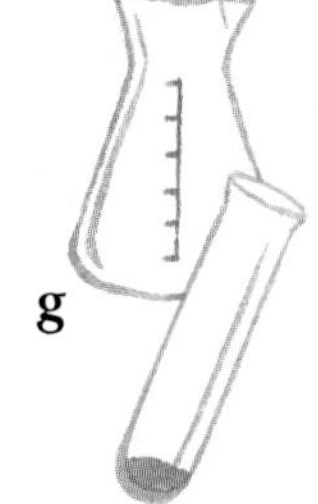

11 Lisez cette lettre et cette fiche

Il y a des différences?

Nom: Chaumois

Prénom: Gaëlle

Age: 15 ans

Matières préférées: maths, sciences, informatique

Sport: aime bien l'athlétisme

Je n'aime pas tellement le collège. Je trouve ça... ennuyeux. Mais on me dit que c'est utile, donc j'essaie de m'amuser. Normalement, quand j'ai informatique ou technologie je suis contente parce que je suis forte en ces matières et je les trouve intéressantes. Je suis aussi forte en maths mais je n'aime pas du tout l'histoire-géo. En plus, j'aime le sport. Dans notre collège il y a un terrain de sport et un gymnase. J'aime surtout faire de l'athlétisme.

Et toi, que penses-tu de l'école? Quelles sont tes matières préférées?

Ecris-moi vite

Gaëlle

Préparez une fiche sur vous et écrivez une lettre. Parlez de votre collège.

12 Faites un sondage sur la vie de collège

Préparez une liste de questions. Par exemple:

1 Que pensez-vous de l'école?

2 Quelles sont vos matières préférées?

Voulez-vous ajouter d'autres questions?

Préparez vos réponses.
Travaillez avec un(e) ami(e) et enregistrez-vous, si possible.

A votre avis:

- Roch Voisine détestait l'école.
- Roch Voisine s'ennuyait à l'école .
- Roch Voisine était assez content au collège.

Il donne un conseil aux élèves français. Résumez-le.

If you don't understand a word or phrase, try and work out its meaning from the context.

13 Ecrivez un article pour le magazine scolaire

Regardez ces deux exemples.
A votre avis, quel est l'article le plus intéressant?

1

Je me lève de bonne heure. Je prends l'autobus à 8h 15.
J'aime bien aller au collège. J'aime surtout les maths et le sport.
ANGLAIS
ANGLAIS
J'étudie l'anglais depuis trois ans. Maintenant, je suis fort en anglais.
Le soir, j'ai beaucoup de devoirs.

2

Une journée typique:
Je me lève à 7h 30. Je viens au lycée à moto. J'aime bien aller au collège. Là, je peux retrouver mes copains. J'adore le sport et je suis forte en langues et en histoire-géo. D'habitude, j'ai beaucoup de devoirs... le soir, je fais deux ou trois heures de devoirs. C'est dur!

14 Relisez le texte 2 (voir 13)

Inventez une bande dessinée pour illustrer sa journée typique.

15 A vous de choisir

Vous pouvez inventer une bande dessinée ou vous pouvez écrire un article.
Le thème? Une journée typique.

Un peu d'entraînement

1 Trouvez les paires

1 Je fais mes devoirs...	...depuis cinq ans.
2 J'étudie le français...	...depuis six mois.
3 Je vais au club de théâtre...	...depuis deux ans.
4 Je fais du baby-sitting...	...depuis 18h 30.
5 Je joue de la guitare...	...depuis trois mois.

2 Complétez ces phrases

1 J'étudie l'allemand...

3 ANS

2 Je fais mes devoirs...

3 Je suis en vacances...

3 Les adjectifs

Trouvez six adjectifs dans la grille et complétez les phrases.

1 Je me décris. J'ai les cheveux ------.
2 Je suis assez ------ .
3 Mon frère est plus ----- que moi.
4 Il a les cheveux ---- et les yeux -------- .
5 Nous habitons une ------- maison à la campagne.

G	O	E	M	L	P	Q	Z
R	O	U	X	V	M	I	B
A	C	S	X	I	I	E	D
N	O	I	S	E	T	T	E
D	U	P	N	I	M	X	J
E	R	T	D	L	V	A	V
Q	T	K	U	L	E	A	C
W	S	I	P	E	T	I	T

4 Décrivez-vous

Exemple:
Je suis assez grand.

5 Comparer deux choses

Que répondez-vous aux questions suivantes?

Exemple:
Tu préfères les maths ou la technologie?
Moi, je préfère la technologie, c'est plus intéressant que les maths.

1 Tu préfères l'histoire ou le français?
2 Tu préfères l'informatique ou le dessin?
3 Tu préfères les sciences ou l'anglais?

Vocabulaire

Au lycée	***At school***
le baccalauréat	*baccalauréat (= A levels)*
le bulletin scolaire	*school report*
le cahier	*exercise book*
le collège	*secondary school*
le directeur/la directrice	*head teacher*
l'école primaire *f*	*primary school*
l'école *f*	*school*
l'école mixte *f*	*mixed school*
l'éducation *f*	*education*
l'élève *m/f*	*pupil*
l'étudiant *m* / l'étudiante *f*	*student*
l'internat *m*	*boarding school*
l'interne *m/f*	*boarder*
le livre	*book*
le lycée	*(6th form) college*
le lycéen/la lycéenne	*college student*
le pion/la pionne	*supervisor*
le professeur	*teacher*
la récréation	*recreation/break time*
la rentrée	*back to school*
le trimestre	*term*
l'uniforme	*uniform*
aller à	*to go to*
apprendre à	*to learn (to)*
commencer	*to begin*
copier	*to copy*
enseigner	*to teach*
passer	*to take (an exam)*
quitter	*to leave*
terminer	*to finish*

Les matières	***Subjects***
l'allemand *m*	*German*
l'anglais *m*	*English*
la biologie	*biology*
la chimie	*chemistry*
les cours commerciaux	*business studies*
le cours	*lesson*
le dessin	*art*
les devoirs	*homework*
l'éducation physique *f*	*PE*
l'emploi du temps *m*	*timetable*
l'espagnol *m*	*Spanish*
l'examen *m*	*exam*
l'exercice *m*	*exercise*
le français	*French*
la géographie	*geography*
l'histoire *f*	*history*
l'informatique *f*	*IT*
l'instruction religieuse *f*	*RE*
l'interrogation *f* (orale/écrite)	*(spoken/written) test*
le latin	*latin*
la leçon	*lesson*
la lecture	*reading*
le livre	*book*
la littérature	*literature*
les maths/mathématiques *f*	*maths*
la musique	*music*
la note	*mark*
la philosophie	*philosophy*
la physique	*physics*
la question	*question*
la réponse	*answer*
les sciences naturelles	*natural sciences*
la technologie	*technology*
les travaux manuels	*handicraft*
difficile	*difficult*
ennuyeux/ennuyeuse	*boring*
facile	*easy*
intéressant	*interesting*
utile	*useful*
échouer à/rater un examen	*to fail an exam*
être fort en	*to be good at*
étudier	*to study*
obtenir une bonne/mauvaise note	*to get a good/bad mark*
passer un examen	*to sit an exam*
répondre	*to reply*
réussir à un examen	*to pass an exam*
réviser	*to revise*
travailler (dur)	*to work (hard)*

Les salles de classe	***Classrooms***
la bibiliothèque	*library*
le bureau du directeur	*head teacher's office*
la cantine	*canteen*
la cour	*playground*
le gymnase	*gymnasium*
le laboratoire	*laboratory*
l'ordinateur *m*	*computer*
la salle des professeurs	*staff room*
Les cours commencent à 8h 45.	*Lessons begin at 8h 45.*
On a une récréation à 10h 20.	*We have a break at 10h 20.*
D'habitude, j'ai beaucoup de devoirs.	*Usually, I have a lot of homework.*
Je suis fort en espagnol.	*I am good at Spanish.*
Je suis nul en histoire-géo.	*I am useless at history/geography.*
A mon avis, l'informatique est plus utile que le dessin.	*In my opinion, IT is more useful than art*

La vie des jeunes 5

Entraînez-vous à:
- parler de la vie des jeunes, de vous!

1 On parle des passe-temps

Trouvez le titre ci-dessous qui n'est pas mentionné.

Les loisirs

Le sport

La musique

La mode

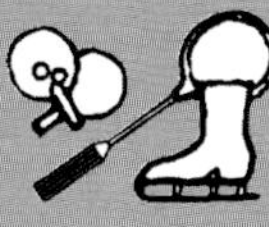

Les clubs

Ce qui vous fait rire

Ce qui vous énerve

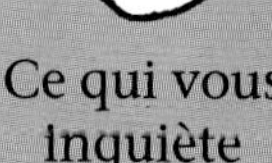

Ce qui vous inquiète

2 Quatres interviews

Quatre jeunes Français parlent de ce qui les intéresse. Ils ajoutent des titres à la liste ci-dessus. Notez-les.

Moi, je me sens concerné par la protection des animaux.

Before listening, think what words you might expect to hear when talking about leisure interests.

3 On fait de la publicité

C'est une nouvelle émission pour les jeunes. Ecoutez la publicité.

- Notez les sujets qu'ils vont discuter.
- Comparez la liste des sujets avec la liste des titres ci-dessus. A votre avis, est-ce que les jeunes vont s'intéresser à cette émission?

4 Regardez ces articles

Il y a un article qui vous intéresse? Lequel?
Trouvez dans le tableau un adjectif qui décrit chaque article.
C'est un article…

difficile	instructif	amusant
intéressant	documentaire	
sérieux	frivole	

A

MODE

MINI INTERVIEW

Es-tu plutôt jean-basket ou tailleur escarpins ?
Jean-basket, j'aime bien être à l'aise.
Est-ce que tu dépenses beaucoup d'argent en fringues ?
Non, pas spécialement.
Quelles sont tes marques préférées ?
J'aime beaucoup Lolita Lempika, Alaïa, Hervé Léger, j'aime bien aussi Morgan, Kookaï et Agnès B. quand les fringues me plaisent.
Es-tu une "fashion victim" ou as-tu ton propre style ?
J'ai plutôt mon propre style, j'aime la mode mais je ne la suis pas à la lettre.
Quelle est ta matière préférée ?
Je suis cuir, coton et cachemire.
Quelle est la couleur que tu ne porteras jamais ?
Le violet et le mauve, je trouve ça très moche.
Ta tenue "fétiche" dans laquelle tu te sens bien et que tu remets toujours ?
Mon T-shirt, mon sweat, mon jean, mon pantalon en cuir et mon caleçon... J'aime être cool.
Quelle est pour toi la star qui s'habille le mieux ?
Sharon Stone, elle est toujours très classe.
Et le moins bien ?
Indra, je n'aime pas sa façon de s'habiller.

B

MYLÈNE FARMER

Nom : Farmer - **Prénom :** Mylène
Née le : 12 septembre 1961
À : Montréal, Canada
Cheveux : naturellement brune, Mylène se plaît en rousse depuis 1986.
Yeux : noisette
Taille : 1,67 m - **Poids :** 47 kg
Signe astrologique : Vierge
Situation de famille : célibataire, Mylène est la troisième d'une famille de quatre enfants.
Hobbies : le dessin, l'écriture, le footing et l'équitation qu'elle pratique depuis l'âge de 10 ans.
Elle aime : rêver, le rouge, les sushis (poisson cru à la japonaise), les chaussures, les animaux et l'hiver.
Elle déteste : les mondanités, les jeux (*«par peur de perdre»*, dit-elle), la vulgarité, le bruit et la foule.
Principales qualités : rigoureuse, travailleuse et perfectionniste.
Principaux défauts : nerveuse et pessimiste.
Chanteurs/Chanteuses préférés : parmi les Français, elle aime Jacques Dutronc, Barbara et Jacques Brel. Selon elle, ils font une musique indémodable, hors de tous courants musicaux. Côté anglo-saxon, sa préférence va au groupe Dépêche Mode et à Kate Bush.

C

L'affaire du voile à l'école

Vous pensez peut-être que tout ce raffut pour un carré de tissu, c'est un peu exagéré. Et pourtant ça ne l'est pas. Le foulard islamique est un symbole. Il contient ce message: «J'affirme ma religion musulmane.»

C'est exactement ce que lui reproche le ministre de l'Education qui a décidé de l'interdire dans les écoles d'Etat: la religion est une affaire personnelle et privée. Elle n'a pas sa place dans une institution laïque.

Certains Français, dont beaucoup de musulmans, approuvent cette position. D'autres sont scandalisés.

Bien sûr, ces mesures contre le voile à l'école ne visent pas à interdire le port du foulard en France, ni la pratique de la religion musulmane. Tout le monde est libre de pratiquer sa religion. L'école laïque se propose juste de mettre entre parenthèses le poids des différences sociales et religieuses... pendant quelques heures par jour: des instants de liberté dont il faut profiter de tout urgence.

D

Le climat se réchauffe

Saviez-vous qu'au cours de ce siècle, la température moyenne de la Terre a augmenté de 0.5 degrés Celsius? À quoi ce réchauffement est-il dû? Il est difficile de l'attribuer de manière sûre aux conséquences de la pollution industrielle. Peut-être s'agit-il d'une variation naturelle du climat.

Pour le siècle prochain, les spécialistes prévoient un réchauffement pouvant atteindre plus de 3 degrés Celsius... Cela modifierait profondément les paysages. Par exemple, les régions méditerranéennes risqueraient de s'assécher peu à peu.

La couche d'ozone diminue

Notre planète se réchauffe à cause de l'augmentation de l'effet de serre. L'effet de serre est un phénomène naturel et indispensable, qui permet de maintenir la Terre à une température moyenne d'environ 15 degrés Celsius. Pourtant, lorsqu'il est trop fort, il nuit à l'équilibre de la planète. Certains gaz polluants sont responsables de son augmentation.

5 Lisez les bulles

Choisissez un article pour chaque personne.

1 Moi, j'adore le sport, le cinéma… et beaucoup d'autres choses. Mais j'essaie aussi de m'intéresser à l'actualité.

3 Moi, j'adore les vêtements. J'aime bien aller dans les magasins acheter de nouveaux vêtements.

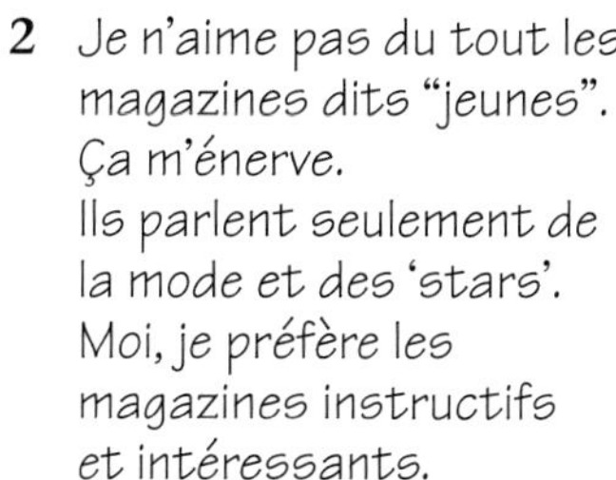

2 Je n'aime pas du tout les magazines dits "jeunes". Ça m'énerve.
Ils parlent seulement de la mode et des 'stars'. Moi, je préfère les magazines instructifs et intéressants.

4 Je suis passionné par les films, le cinéma et la musique. A l'avenir, je voudrais bien jouer dans un groupe rock.

6 Choisissez un article

Entraînez-vous à prendre des notes.

- Recopiez le titre. Ça vous donne une idée du thème.
- Cherchez et notez les mots-clés. Vous pouvez utiliser un dictionnaire, si vous voulez.
- Ecrivez ce que vous en pensez. Par exemple, vous le trouvez intéressant ou ennuyeux?

It is a good idea to read as much authentic French material as possible. Ask your teacher or your penfriend if they can help.

7 Les causes importantes

Connaissez-vous tous les mots-clés? Cherchez-les dans un dictionnaire pour vérifier.

LES GRANDES CAUSES

Les causes qui paraissent les plus importantes aux jeunes de 18 à 24 ans:

- la prévention du sida (79%)
- la prévention de la drogue (69%)
- l'aide aux malades et aux handicapés (49%)
- la défense de l'environnement (49%)
- les causes humanitaires en France (48%)
- la prévention de la délinquance (47%)
- les droits des jeunes (45%)
- les causes humanitaires dans le monde (40%)
- la lutte contre le racisme (40%)
- l'action en faveur du tiers-monde (31%)
- l'action en faveur des banlieues (23%)
- l'intégration des immigrés (18%)
- l'aide aux réfugiés politiques (8%)

Et vous, est-ce que vous vous sentez concerné(e) par ces causes? Que répondez-vous?

Exemple:
Oui, je me sens concerné(e) par la prévention du sida.

A votre avis, quelle est la cause la plus importante?

8 Ecoutez la cassette

Jean-Luc, un jeune Français, fait un exposé. Prenez des notes.

- Quel est le sujet de l'exposé?
- Pourquoi a-t-il choisi ce sujet?
- Que fait-il?

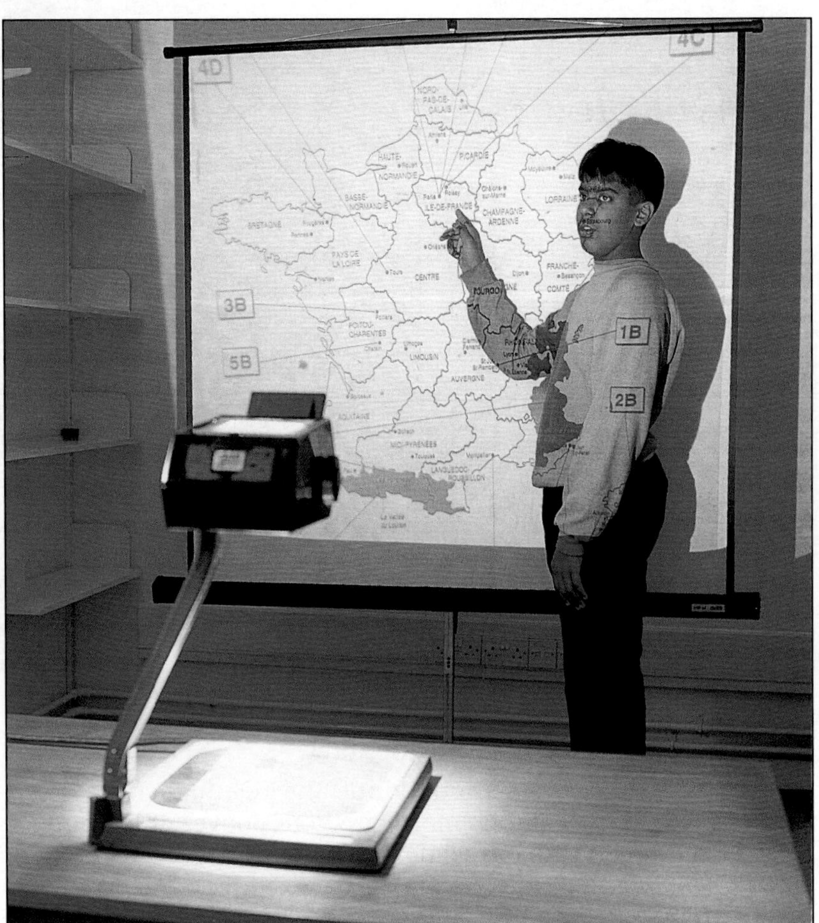

9 Faites un exposé

Choisissez un sujet qui vous fait rire, qui vous embête ou qui vous inquiète. Préparez des notes.

1 Quel est le thème?
2 Pourquoi avez-vous choisi ce sujet?
3 Que faites-vous?

Speak as clearly as you can. Record your exposé and then listen to it. Do you speak clearly?

Enregistrez votre exposé, si possible.

10 Lisez la question et les réponses

Trouvez la personne (1, 2 ou 3) qui:

- ne veut pas continuer la conversation;
- parle trop;
- s'intéresse au sujet.

Tu as vu le nouveau jeu vidéo de Marc?

1 Non, mais j'aime bien les jeux vidéo. C'est bien?

3 Moi, j'ai plein de jeux vidéo et j'ai un ordinateur super ... je suis très forte en informatique, tu sais ...

11 A vous de jouer

Lisez la question.

Inventez trois réponses qui correspondent aux titres ci-dessus (une personne qui ne veut pas continuer la conversation, etc).

On va à la piscine samedi. Ça te dit?

12 Répondez aux questions

1 Tu regardes souvent la télé?
2 Tu fais du sport au collège?
3 Moi, je me sens concerné par la protection des animaux. Et toi?
4 J'adore acheter des vêtements. Samedi, on va dans les magasins. Ça te dit?
5 Le jeudi, je fais du karaté au club. Ça t'intéresse?

Préparez des notes. Elles vous seront utiles.
Vous pouvez les utiliser pour réviser les phrases-clés.
Enregistrez-vous, si possible.

Try and give as much information as possible and not just one word answers.

13 Lisez ces extraits

Qu'est-ce qui vous fait rêver?

Ce qui me fait rêver, c'est la musique.

Ce qui me fait rêver, ce sont les livres.

Ce qui me fait rêver, c'est la nature.

Beaucoup de choses me font rêver... une journée ensoleillée, la neige dans les montagnes, le cinéma...

Ecrivez votre réponse.

14 Lisez cet extrait

J'aime

- le nouveau film de Keanu Reeves;
- écouter des CD;
- faire de longues balades à la campagne;
- partir en vacances, surtout quand il faut chaud!

Je déteste

- les gens qui fument en zone non fumeur;
- les racistes;
- les grandes entreprises qui polluent la mer et les rivières;
- quand ma copine part en vacances en Espagne sans moi!

Juliette, 16 ans

Envoyez-nous votre liste "J'aime ...... /Je déteste ......"

Etes-vous d'accord avec Juliette?
Ecrivez votre liste J'aime ...... /Je déteste ......
Ecrivez un paragraphe pour chaque phrase de votre liste.

Exemple:
J'aime faire de longues balades à la campagne. J'aime bien sortir avec mes copains, mais de temps en temps, je préfère la solitude. A la campagne, je peux sortir seule. Là, j'ai le temps de réfléchir.

Relisez vos paragraphes. Maintenant, vous êtes prêt(e) à écrire un article sur vous: sur ce que vous aimez faire, ce qui vous embête et sur ce qui vous fait rire.

Un peu d'entraînement

1 Ne ...... pas

Lisez ces phrases. Vous n'êtes pas d'accord? Alors, mettez-les à la forme négative.

1 Moi, j'aime les jeux vidéo.
2 J'ai un animal à la maison.
3 Je me sens concerné par la protection des animaux.
4 Nous nous intéressons aux Westerns.
5 Nous allons souvent au cinéma.
6 Moi, j'aime lire.

2 Que répondez-vous aux questions suivantes?

Exemple:
Vous êtes déjà allé(e) à Paris?
Oui, je suis allé(e) à Paris il y a deux ans. / Non, je ne suis jamais allé(e) à Paris.

1 Vous avez déjà mangé des escargots?
2 Vous avez déjà voyagé en avion?
3 Vous avez déjà voyagé à moto?
4 Vous êtes déjà allé(e) aux Etats-Unis?
5 Vous avez déjà fait du ski?

3 Mes préférences

Que pensez-vous de ces passe-temps, de ces acteurs, de ces matières, etc? Ecrivez ce que vous en pensez.

Exemple:
Les maths? C'est la matière la plus difficile.
Ryan Giggs? C'est le meilleur joueur de football.
Regarder la télé? C'est le passe-temps le moins original!

Steven Spielberg
regarder la télé
Ryan Giggs
l'informatique
les maths
le bricolage
la lecture
Keanu Reeves
le tir à l'arc
les jeux vidéo
Eric Cantona
la technologie
Steffi Graf
le tennis
le rugby
Julia Roberts
l'histoire
le karaté
le sport
nager

Vocabulaire

Les centres d'intérêt	***Interests***
les actualités *f*	*news*
la balade	*walk/stroll*
le cinéma	*cinema*
le club	*club*
le documentaire	*documentary*
l'émission *f*	*TV/radio programme*
le journal	*newspaper*
les loisirs	*leisure activities*
le magazine	*magazine*
la mode	*fashion*
le passe-temps	*pastime*
la préférence	*preference*
la revue	*magazine*
la solitude	*solitude*
le sport	*sport*
les vêtements	*clothes*
amusant	*entertaining*
intéressant	*interesting*
de temps en temps	*from time to time*
difficile	*difficult*
frivole	*frivolous*
instructif/instructive	*informative*
jeune	*young*
préféré	*preferred*
rigolo/rigolote	*funny*
sérieux/sérieuse	*serious*
seul	*alone*
seulement	*only*
avoir	*to have*
avoir plein de ...	*to have a lot of ...*
chanter	*to sing*
se détendre	*to relax*
être	*to be*
s'intéresser à	*to be interested in*
jouer à + sport	*to play (a sport)*
jouer de + instrument de musique	*to play (a musical instrument)*
préférer	*to prefer*
regarder	*to watch*
rêver	*to dream*
rire	*to laugh*

Les causes importantes	***Important causes***
l'aide *f*	*help*
la banlieue	*suburb*
la cause	*cause*
les déchets	*rubbish*
la défense	*protection*
la drogue	*drugs*
les droits des jeunes	*rights of young people*
le handicapé	*handicapped (person)*
l'immigré *m* / l'immigrée *f*	*immigrant*
l'intégration *f*	*integration*
la lutte	*fight*
le/la malade	*sick/ill (person)*
la nature	*nature*
la politique	*politics*
la pollution	*pollution*
la prévention	*prevention*
la prévention de la drogue	*prevention against taking drugs*
la prévention du SIDA	*prevention against AIDS*
la protection	*protection*
la protection des animaux	*protection of animals*
le racisme	*racism*
le tiers-monde	*Third World*
le tourisme	*tourism*
en faveur de	*in favour of*
handicapé	*handicapped*
humanitaire	*humanitarian*
malade	*sick/ill*
politique	*political*
raciste	*racist*
réfugié	*refugee*
être concerné	*to be concerned*
éviter de	*to avoid*
fumer	*to smoke*
s'inquiéter	*to worry*
polluer	*to pollute*
protéger	*to protect*
recycler	*to recycle*
se sentir	*to feel*
Ça m'énerve.	*It/that annoys me.*
Ça m'embête.	*It/that annoys me.*
Ce qui me fait rêver, c'est la musique.	*What makes me dream, is music.*
Beaucoup de choses me font rêver.	*A lot of things make me dream.*
J'essaie de m'intéresser à l'actualité.	*I try to take an interest in the news.*
Je me sens concerné par la défense de l'environnement.	*I feel concerned about the protection of the environment.*
De temps en temps, je préfère la solitude.	*From time to time, I prefer to be alone.*

Les médias

Entraînez-vous à
- parler des médias
- exprimer votre opinion

1 On vous dit: "Les médias"

A quoi pensez-vous? Ecrivez une liste.

2 Notez les médias mentionnés

Look at the pictures. They will help you identify the key information.

3 Quatre personnes sortent du cinéma

Elles donnent leur opinion du film. Elles l'ont aimé?
A votre avis, le film va avoir du succès?

4 Deux jeunes Français parlent des loisirs

Résumez ce qui les intéresse.

5 Vous entendez une conversation

Résumez ce qu'ils aiment.
A votre avis, est-ce qu'ils s'entendent bien?

6 Lisez ces extraits

Qu'est-ce que vous allez regarder si vous aimez:

- lire?
- les documentaires?
- les variétés?
- le sport?
- les films?
- les actualités?
- les séries américaines?
- la musique?

15.35 Magnum [5994468]
Série américaine. (Rediffusion).
L'ornithologiste. Une enseignante d'ornithologie à la retraite découvre qu'un de ses élèves est en fait un agent du KGB... (Distribution p. 98). Et Sylvia Sidney, Joseph Wiseman, Fritz Feld, Jacqueline Ray.

Magnum (Tom Selleck) sur la trace d'un agent du KGB qui s'intéresse à de drôles d'oiseaux.

16.30 Les Minikeums [95477536]
Kesakeum. Tintin : « L'affaire Tournesol » (5). Peter Pan : « La caverne ». La légende de prince Valiant : « Le sauvetage ».

17.40 Une pêche d'enfer
Magazine. Présentation : Pascal Sanchez.
En direct de Val-d'Isère.
Invité : Hugues Aufray. [546333]

18.20 Questions pour un champion
Jeu. Présentation : Julien Lepers. [778265]

18.50 Un livre, un jour
Livre proposé : « Le guide de la presse » sous la direction d'Alain Dag'Naud (Alphom). [7910352]

18.55 Journal
À 19.09 Journal régional et météo. [51105081]

20.05 Fa, si, la... chanter [688913]
Jeu musical. Présentation : Pascal Brunner.

20.35 Tout le sport
En direct. Présentation : Gérard Holtz.
L'actualité sportive du jour. [58969064]

12.30 La grande famille ○
Présentation : Michel Field.
Un magazine de faits de société et de conseils pratiques. [20420]

13.30 Le journal de l'emploi ○
Présentation: Martine Mauléon. [65159]
Avec son rendez-vous quotidien, Martine Mauléon propose des offres d'emploi et de formation.

13.35 Tchin-tchin
Film français (comédie dramatique) de Gene Sacks (1990).
La rencontre cocasse entre un Italien, cocu, fantasque et alcoolique et une anglaise, mère exemplaire et fidèle épouse.
Avec : Marcello Mastroianni (Cesareo), Julie Andrews (Pamela), Jean-Pierre Castaldi (Marcel), Ian Fitzgibbon (Bobby), Jean-Michel Cannone (Dr Picquet), Catherine Jarret (Marguerite).
Rediff. : lun. 5 déc.: 8.55, ven. 9 déc.: 0.15, ven. 16 déc.: 10.50. [7842352]

15.10 Mahaswami Sadhu et Dieu vivant
Documentaire. (Rediffusion).
À Kanchipuram, en Inde, voyage dans le monastère d'une secte shivalte. [7480555]

16.25 Hit machine
Magazine musical. Présentation : Ophélie Winter et Yves Noël.
Le classement des meilleures ventes de CD et cassettes par catégories. [1346028]

16.55 M6 Kid
Présentation : Caroline Avon et Paul.
Conan l'aventurier : « Le monstre en métal étoile ». 20 000 lieues dans l'espace : « L'invasion de Solara ». [4796333]

17.55 Booker
Série américaine. (Rediffusion).
Le gang d'Arrizola. Un dangereux criminel que Booker a envoyé en prison quelques années plus tôt vient d'être libéré. Secondé par ses deux frères, il veut monter un nouveau coup... (Distribution p. 116). [8691807]

19.00 Code Quantum
Série américaine. (Rediffusion).
Meurtre à Chinatown. Sam devient Dylan Powell, présentateur de journaux télévisés à qui un mystérieux tueur en série fait part de ses états d'âme après chacun de ses meurtres... (Distribution p. 102). [93555]

19.54 Flash infos

13.45 Un cas pour deux
Série allemande.
Délit de fuite. Matula décide d'utiliser ses derniers honoraires pour suivre des cours de deltaplane... (Distrib. p. 96). [7086389]

14.55 Dans la chaleur de la nuit
Série américaine.
Charme fatal. Au cours du traditionnel tournoi de poker organisé par Edgar Van Buren, le maître de cérémonie est assassiné... (Distribution p. 96). [2149284]

15.45 Tiercé en direct de Vincennes [1934332]

15.55 La chance aux chansons
Variétés. Présentation: Pascal Sevran.
Les folies Cordy. Avec Annie Cordy, C. Jérôme, une séquence hommage à Bourvil, Laura Pausini, Stéphane Chomont, Franck Gergaud, Annie Gould, Alain Delorme... [7471807]

16.45 Des chiffres et des lettres [1044604]
Jeu. Présentation : Laurent Romejko.

17.15 Le prince de Bel Air
Série américaine. (Rediffusion).
Travaux pratiques. Vivian Banks souhaite que Philip, son mari, l'accompagne aux cours d'accouchement sans douleur... (Distribution p. 96). [7987848]

17.40 La fête à la maison
Série américaine. (Rediffusion).
Au pied de la lettre. D.J. est sous le charme d'un vendeur de journaux du nom de Ricky... (Distribution p. 96). [64975]

18.10 Que le meilleur gagne [910994]

18.50 Studio Gabriel
Invités : le professeur Montagnier, Barbara Samson, Liane Foly, Julia Migenes. [3542807]
▶ ***SAVOIR PLUS. Barbara Samson*** *est cette jeune fille séropositive qui avait ému les téléspectateurs lors de la soirée « Sidaction ». Elle est l'auteur de « On n'est pas sérieux quand on a 17 ans » paru chez Fixot et présente le livre d'Éric Chapeau-Aslumt, « Communication sida » (Éd. Casa Nova) qu'elle a préfacé avec Thierry Séchan.*

20.00 Journal
Suivi du Journal des courses, de la météo et du Point route. [35017772]

7 Vous cherchez un emploi

Qu'est-ce que vous allez regarder?

8 Lisez cette annonce

Combien de reportages va-t-on présenter? Résumez-les en anglais pour vos parents.

9 Aimez-vous regarder la télévision?

Un jeune Français typique passe plus de trois heures par jour devant la télévision. Et vous, aimez-vous la regarder? Ecrivez deux ou trois lignes sur votre émission préférée.

Moi j'aime les jeux. J'adore "Wheel of Fortune". Chaque semaine, trois joueurs jouent pour gagner de l'argent et aussi une voiture.

GÉNÉRATION ORDINATEUR

Deux reportages : le premier raconte l'histoire de jeunes américains devenus millionaires en inventant des jeux pour des grandes entreprises d'informatique. Le second parle de l'enseignement à distance, via l'ordinateur bien sûr. Avantages et inconvénient...
▶ **Mardi 21 mars, Arte, 20h40**

10 Lisez l'article

Vrai ou faux?

1 Anna est russe.
2 Son père lui pose sept questions.
3 Il les répète tous les deux ans.
4 Il a réalisé le film pendant dix ans.
5 Le journaliste n'aime pas le film.
6 Il vous conseille d'aller voir le film avec un professeur de langues.

ÇA VIENT DE SORTIR

• CINÉMA •

ANNA

de Nikita Mikhalkov, avec Anna Mikhalkov. Durée : 1 h 40. Sortie le 15 mars.

En 1980, Anna a 6 ans. Elle habite en Union soviétique. Son père Nikita Mikhalkov, réalisateur de cinéma, lui demande de répondre, devant une caméra, à cinq questions toutes simples : "Qu'est-ce qui t'effraie le plus ?" "Quel est ton plus fort désir ?" "Que détestes-tu plus que tout ?" "Qu'est-ce que tu aimes par-dessus tout ?" "Qu'attends-tu de la vie ?" Ces cinq questions, il va les reposer à Anna pendant dix ans, chaque année, et filmer ses réponses !

Anna grandit et autour d'elle l'empire soviétique change. Nikita Mikhalkov (sur notre photo avec Anna) mêle des documents d'archives pour nous faire revivre dix ans d'histoire russe (depuis la fin du régime de Léonid Brejnev, en 1982, jusqu'à l'élection de Boris Eltsine, en 1991). Ce film est un magnifique témoignage sur notre histoire récente ; un témoignage plein de sensibilité et d'interrogations, qui restent parfois sans réponse : si Anna avait grandi ailleurs, serait-elle différente ? Essayez d'aller le voir avec un professeur d'histoire. Relisez avant l'histoire récente de la Russie. Et comparez vos réactions à celles d'Anna. C'est passionnant ! ■

Et vous, quels sont vos craintes et vos espoirs ?

Après avoir vu le film, 400 jeunes ont répondu aux mêmes questions qu'Anna.
La peur du sida, des guerres, du racisme, de la mort reviennent souvent dans leurs réponses. Certains craignent la solitude, d'autres souhaitent surtout être bien dans leur peau. Beaucoup se révoltent contre la folie des hommes, en Algérie ou ailleurs. En tout cas, fonder une famille, un jour, ils le souhaitent vraiment...
Vous reconnaissez-vous à travers ces préoccupations ? Répondez à votre tour aux questions posées à Anna. Faites-le avec votre classe ou avec des amis, et discutez de vos réponses avec un adulte. En découvrant vos ressemblances et vos différences, vous aurez sans doute des discussions passionnantes. ■

11 Relisez les questions posées dans le film

Que répondez-vous?

Exemple:
Qu'est-ce qui t'effraie le plus?
Moi, j'ai peur de la solitude. Je n'aime pas être seul.

12 Le cinéma

Le cinéma est le loisir préféré de 90% des 12-25 ans. Et vous? Ecrivez ce que vous en pensez. Parlez des films que vous aimez.

13 Lisez ce dialogue

Puis changez-le. Choisissez un film que vous aimeriez aller voir.

- Que fais-tu ce soir? Tu veux regarder la télé?
- Moi, je préférerais aller au cinéma. Et toi, ça te dit?
- Ben... oui. Qu'est-ce qu'on va voir?
- Moi, je voudrais aller voir "Jour de Fête". J'aime bien les films classiques. Ça t'intéresse?
- Oui. Bonne idée! J'adore les films de Jaques Tati.

Les films à ne pas rater...

Vous êtes encore en vacances ? Profitez-en pour aller au cinéma ! Voici, spécialement pour vous, une petite sélection de nos films préférés, à l'affiche en ce moment...

● Stargate

de Roland Emmerich. Entre *Les aventuriers de l'arche perdue*, *Abyss* et *La guerre des étoiles*, un voyage intergalactique et intersidéral, assorti de vols de pyramides sur fond de décors somptueux. Délirant comme une bonne BD de science fiction !

● Jour de fête

de Jacques Tati. On vient de rénover la copie en couleur d'un classique du rire français. Suivez le brave François, facteur dans un petit village, au début des années cinquante. Sa tournée n'est pas triste !

● Wallace et Gromit

Un étonnant programme de 5 films d'animation en pâte à modeler. Les meilleurs ? Ceux de Nick Park, avec une interview d'animaux dans un zoo, et les aventures du duo désormais célèbre : le chien Gromit et son maître, le flegmatique Wallace. Drôle et dépaysant.

● Un Indien dans la ville

d'Hervé Palud. Pas facile, quand on a treize ans, de passer directement de la forêt amazonienne aux beaux quartiers de Paris ! "Mimi-Siku" va donner une leçon de bon sens aux Parisiens snobs. À savourer en famille.

● Le Péril jeune

de Cédric Klapisch. Quatre anciens copains de lycée se retrouvent dans la salle d'attente d'une maternité. Ensemble, ils évoquent leurs souvenirs de Terminale. C'était dans les années 1975. Nostalgique, vivant et émouvant...

Try to use different phrases to express your opinion.

14 Lisez les critiques

Est-ce qu'ils parlent:

- d'un livre?
- d'un jeu vidéo?
- d'un film?

Comment devenir vampire

Tu peux être vampirisé(e) par la venimeuse comtesse Elisabeth Bathory, meneuse de jeu et héroïne de la quatrième version d' "Atmosfar", le premier jeu de société vidéo interactif. Vite, à ton magnétoscope pour ouvrir "la porte des ténèbres".

(Atmosfear IV, 190 à 220 F en hypermarchés, grands magasins et boutiques spécialisées)

❤ Romuald et Juliette

Romuald est directeur. Juliette est une femme de ménage noire dans son entreprise. Juliette découvre qu'un complot est en train de se forger contre Romuald. Elle va l'aider. Ces deux-là vont se comprendre et s'aimer. Une très jolie fable .

TF1 **20h45** → 22h30

❤ Cherche famille désespérément

Quelques jours avant ses 11 ans, Milan décide qu'il ne restera plus très longtemps orphelin. Il veut une grand-mère, un grand-père, un papa, une maman, des claques et des engueulades, comme tout le monde. Un téléfilm simple et léger, très attachant.

M6 **20h45** → 22h25

Déguisements futés

Le 28 février, c'est Mardi gras. Pour cette occasion, fabriquez-vous un déguisement inédit : à partir d'éléments tout simples (carton, laine, vieux rideaux...), voici des idées faciles à réaliser, pour devenir Zoulou, Gaulois ou extraterrestre... Résultat garanti ! Plusieurs pages sont aussi consacrées à l'histoire des fêtes de Carnaval dans le monde.

Déguisements futés, coll. Les Petits Chefs, Hachette Jeunesse, 72 F.

La vengeance de la momie

Le jeune Khay vit en Égypte, au temps des Pharaons. Un jour, en suivant des pilleurs de tombeaux, il découvre une momie qu'il décide d'emporter avec lui. Accompagné d'un mystérieux chacal, le jeune garçon va alors entreprendre un grand voyage à travers son pays, et faire d'étranges découvertes... Un récit original et passionnant.

La vengeance de la momie, Évelyne Brisou-Pellen, Hachette-Jeunesse, 25 F.

Amis poètes

Faites une pause : lisez de la poésie ! Et pourquoi pas ce recueil de poèmes, qui célèbrent un sentiment fort et beau : l'amitié.

L'Amitié des poètes, collection Fleurs d'encre, Livre de Poche Jeunesse. 33 F.

Street racer

Souvenez-vous de *Super Mario Kart*, cette course de voitures insolite et drôle. Voici une excellente nouvelle version qui ressemble trait pour trait à l'ancienne, sauf qu'on y roule un peu plus vite, et que

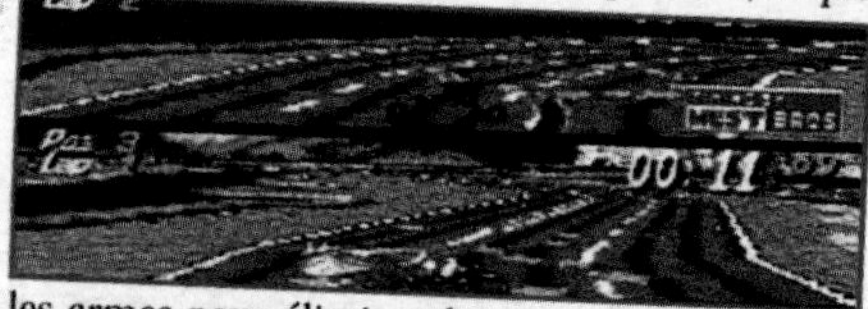

les armes pour éliminer les concurrents sont redoutables. Si vous pouvez y jouer à quatre, c'est tant mieux. Tout seul, c'est déjà passionnant !

Pour Super Nintendo. Éd. Ubisoft. Prix : 450 F.

Il y a un film, un jeu ou un livre que vous aimeriez acheter?
Lequel? Pourquoi le choisissez-vous?
Ecrivez votre réponse.

15 Ecrivez une critique

Pensez à un film ou à une émission de télévision que vous avez vu récemment.

Un peu d'entraînement

1 le, la, l', les

Regardez ces dessins et écrivez la réponse de chaque personne.

Exemple:
Tu regardes les westerns?
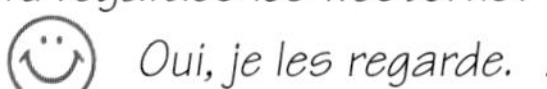 *Oui, je les regarde.* / 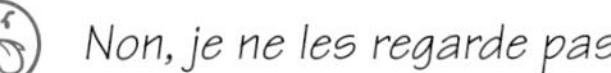 *Non, je ne les regarde pas.*

1 Tu aimes regarder les dessins animés? 

2 Tu regardes souvent le sport? 

3 Est-ce que tu regardes souvent les films policiers? 

4 Est-ce que tu regardes la série policière, "Inspecteur Derrick"? 

2 Remplacez les mots soulignés par des pronoms

1 Tu regardes souvent la télé?
2 J'aime les jeux vidéo. J'achète souvent des jeux vidéo.
3 Je regarde assez souvent les vieux films français.
4 Tu lis les critiques de films?
5 Tu fais l'informatique au lycée?
6 Je fais du sport tous les week-ends.

3 Répondez aux questions (voir 2)

Exemple:
Oui, je la regarde souvent. / Non, je la regarde pas.

4 Me, te, nous, vous

Lisez les questions et recopiez les mots suivants dans le bon ordre pour compléter les phrases.

1 Les jeux-vidéo?	ça Oui, intéresse m'.
2 Non, les émissions pour les jeunes...	nous ça embête.
3 Les journaux ça ...	intéresse? vous
4 Jouer avec l'ordinateur...	t'intéresse? ça

5 Trouvez les paires

Trouvez la question ou la réponse qui correspond à chaque phrase ci-dessus (voir 4).

a Non, pas tellement. Ça m'embête.
b Est-ce que vous regardez les émissions pour les jeunes?
c Est-ce que tu aimes les jeux vidéo?
d Ben... pas tellement. Je préfère regarder le Télé-journal.

6 Ecrivez les questions pour les réponses suivantes

1 Oui, je la regarde souvent. J'aime bien les émissions de sport.
2 Non, je ne les regarde pas. Je n'aime pas les dessins animés.
3 Oui, je l'ai vu. J'adore les films de Robin Williams.
4 Non, nous ne les regardons pas. Les séries américaines, ça ne nous intéresse pas.

Vocabulaire

Les médias	***Media***
l'abonné *m* / l'abonnée *f*	*subscriber*
l'abonnement *m*	*subscription*
l'acteur *m* / l'actrice *f*	*actor/actress*
l'animateur *m* / l'animatrice *f*	*presenter*
le câble	*cable*
le canal	*channel*
la chaîne	*channel/network*
le chanteur/la chanteuse	*singer*
le cinéma	*cinema*
le clip vidéo	*video clip*
la comédie	*comedy*
la critique	*critic/review*
le dessin animé	*cartoon*
le documentaire	*documentary*
l'écran *m*	*screen*
l'émission *f*	*programme*
le feuilleton	*soap opera*
le film	*film*
le film d'épouvante	*horror film*
le film historique	*historical film*
le film policier	*thriller*
le film de science-fiction	*science fiction film*
le genre	*type*
les informations	*news*
l'interview *f*	*interview*
le jeu	*game*
le jeu musical	*music game*
le jeu vidéo	*computer game*
le (télé)journal	*news programme*
le livre	*book*
le magazine	*magazine programme*
le magnétoscope	*video recorder*
la météo	*weather forecast*
le micro-ordinateur multimédia	*multimedia computer*
l'ordinateur *m*	*computer*
la pub(licité)	*adverts*
la radio	*radio*
la rediffusion	*repeat*
le reportage	*report*
le scénario	*script/screenplay*
la séance	*performance*
la série	*series*
le speaker/la speakerine	*announcer*
le spectacle	*show*
le téléfilm	*TV film*
le téléspectateur *m* / la téléspectatrice *f*	*viewer*
la télévision	*television*
les variétés	*variety show*
la vedette	*star*
la vidéo	*video*
la vidéocassette	*video cassette*
le western	*western*

allemand	*German*
américain	*American*
beaucoup	*a lot of*
britannique	*British*
célèbre	*famous*
en VF (VF = version française)	*dubbed in French*
en VO (VO = version originale)	*in original language*
français	*French*
malheureusement	*unfortunately*
sous-titré	*subtitled*
vraiment	*really*

aimer	*to like*
aller voir	*to go and see*
allumer/mettre	*to switch on*
diffuser (en direct)	*to broadcast (live)*
écouter	*to listen to*
enregistrer	*to record*
éteindre	*to switch off*
s'intéresser à	*to be interested in*
jouer	*to play*
lire	*to read*
regarder	*to watch*

Tu aimes ce genre de musique?	*Do you like this type of music?*
Je l'ai trouvé un peu ennuyeux.	*I found it a bit boring.*
C'est un livre vraiment intéressant.	*It's a really interesting book.*
On va au cinéma. Ça te dit?	*We are going to the cinema. Would you like to come?*
Vous aimez regarder la télévision?	*Do you like to watch TV?*
J'aime bien les westerns.	*I like westerns.*
J'aime ça.	*I like that.*

Les vacances 7

Entraînez-vous à:
- **réserver une chambre dans un hôtel, une place dans une auberge de jeunesse ou un emplacement dans un camping**
- **parler des vacances**

1 Des Français sont en vacances

Où logent-ils?

- Dans un hôtel?
- Dans un camping?
- Dans une auberge de jeunesse?
- Chez des amis?

2 Vous travaillez dans un hôtel

Des touristes français veulent réserver une chambre. Ecoutez bien et notez les détails.

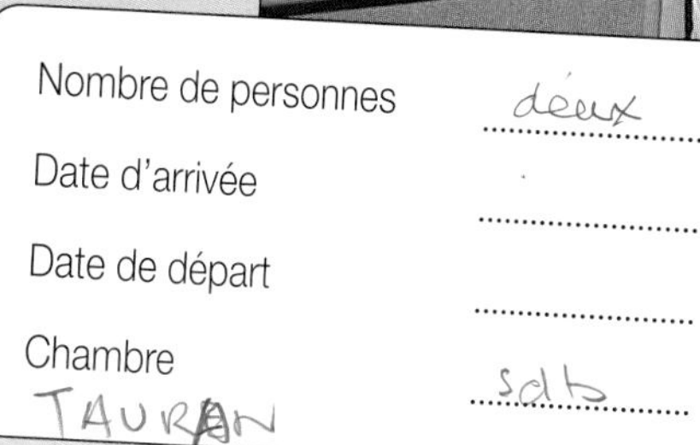
Nombre de personnes ....
Date d'arrivée ....
Date de départ ....
Chambre ....

Listen carefully. You need to note specific details. It is important not to confuse the number of nights with the dates.

3 Lisez le dialogue

Regardez les symboles et changez-le.

– Bonjour, monsieur/madame.
– Bonjour, monsieur/madame. Avez-vous une chambre pour *une personne,* s'il vous plaît?
– Pour combien de nuits?
– Euh... pour *trois nuits.*
– Voyons... j'ai une chambre avec douche et aussi une chambre avec salle de bains.
– Je voudrais la chambre avec *salle de bains.*
– Voilà... c'est la chambre *numéro 35.* Voici la clé.
– Merci... et *le petit déjeuner est à quelle heure*?
– De *7h 30 à 9h.*

4 Complétez le dialogue

–
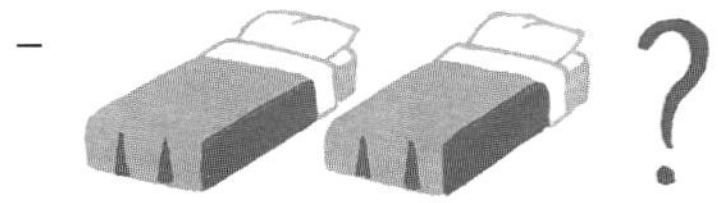

– Oui, j'ai de places de libres. Vous êtes combien?

–

– C'est pour combien de nuits?

–

– Vous avez votre carte de membre?

–
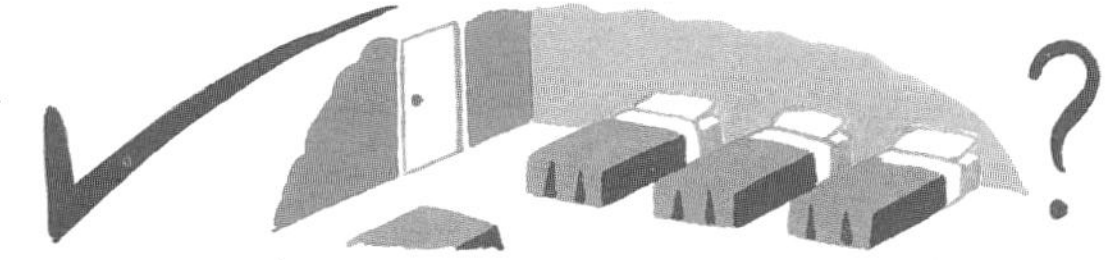

– Bien. Les dortoirs se trouvent au premier étage.

Be prepared for unexpected answers and situations. For example, when you arrive at a campsite or youth hostel, there might not be any room. You might then perhaps say: *Est-ce qu'il y a un autre camping près d'ici?*

5 Regardez ces dépliants

A votre avis, quelle est la destination de vacances idéale:

- pour les jeunes?
- pour les personnes âgées?
- pour les familles?

PARC DE LA HAUTE TOUCHE
Ouvert tous les jours
de Pâques à la Toussaint
à partir de 10 heures
Fermeture des caisses à 18 heures
Aires de pique-nique – jeux enfants
Buvette
Vélos – Chevaux – autorisés
Entrée payante
Tarifs scolaires
Tarifs groupes
✆ 54 39 20 82

MUSEUM NATIONAL
D'HISTOIRE NATURELLE

VAL DE LOIRE

SES GROTTES PETRIFIANTES

SA FANTASTIQUE RECONSTITUTION DE LA FAUNE PREHISTORIQUE

SON MUSEE DE LA PETRIFICATION

Route de Villandry

DATES ET HEURES D'OUVERTURE:
Du 8 février au 31 mars: 9h - 12h / 14h - 18h30
Du 1er avril au 15 octobre: ouvert tous les jours de 9h à 19h.
Du 16 octobre au 20 décembre: 9h - 12h / 14h - 18h.

Groupes reçus toute l'année sur rendez-vous.
Renseignements : Grottes Pétrifiantes - 37510 SAVONNIÈRES
Tél. : 47.50.00.09.
Vaste parking gratuit.

EN 2 TEMPS

3 MONUMENTS

L'ARCHE DE LA DÉFENSE

100 ANS D'ART BELGE
RER LA DÉFENSE

LA GÉODE

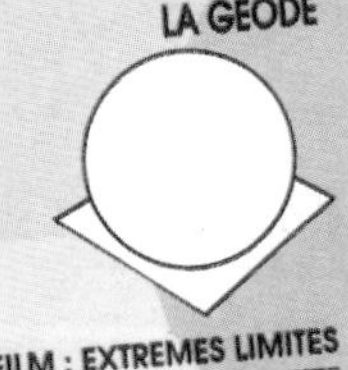

FILM : EXTREMES LIMITES
Ⓜ PORTE DE LA VILLETTE

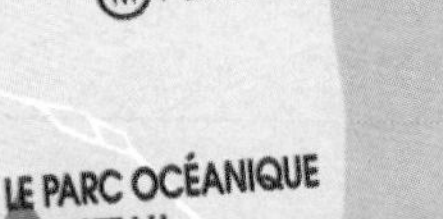

LE PARC OCÉANIQUE COUSTEAU
RER Ⓜ CHATELET - LES HALLES

DÉCOUVREZ
3 ÉVÉNEMENTS PARISIENS

BILLET UNIQUE À TARIF PRÉFÉRENTIEL
EN VENTE SUR PLACE

95 F

Valable du 11 juin au 26 août 1990

PARC ASTERIX

LE PLAISIR VA VOUS TOMBER SUR LA TETE.

LE GRAND LAC

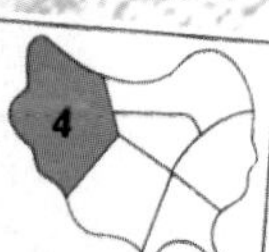

Admirez les amusantes cabrioles des 6 **dauphins** dans le plus grand delphinarium d'Europe. Prenez place dans **Goudurix**, ce grand huit vous emporte entre ciel et terre... Tout bascule et s'enchaîne très vite et vous voilà arrivés à quai les yeux mouillés de larmes de joie et de griserie.

Facilités :
Tous les services dont vous pourriez avoir besoin, vous les trouverez au PARC : centre d'informations, relais bébés, consigne, centre médical, cabines téléphoniques, toilettes, poste, bureau de change et chenil (désolé, les chiens ne peuvent vous accompagner dans votre journée !).

Restaurants :
Du déjeuner sur le pouce au repas "traditionnel", à votre disposition plus de 40 points de restauration pour tous les goûts et toutes les bourses.

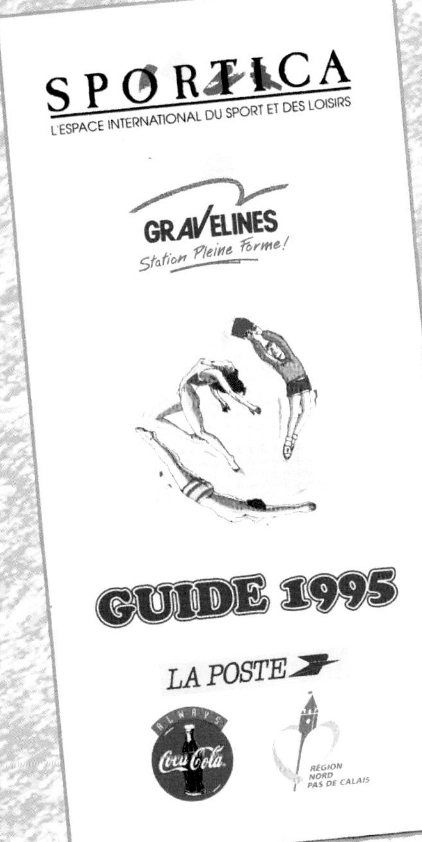

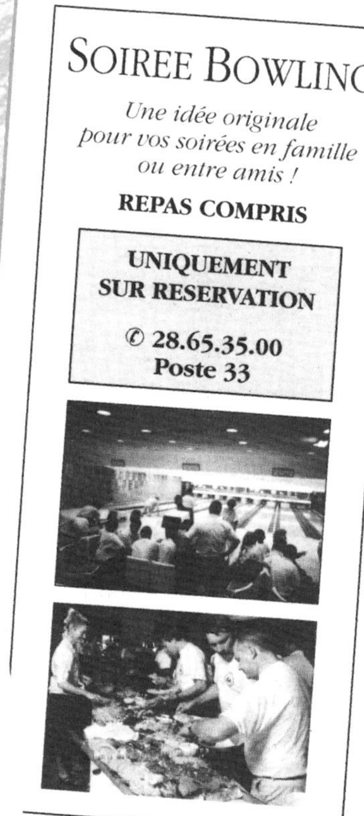

6 Ecoutez la cassette

Notez ce qu'ils ont fait pendant les vacances.

Look at the leaflets. Try and predict what you might hear.

7 Répondez aux questions (voir les dépliants)

1 Vous allez faire du bowling. Il faut réserver?
2 Vous voulez des informations supplémentaires sur les animations sportives. Trouvez le numéro de téléphone.
3 Vous voudriez visiter le Parc Naturel. C'est le 8 février. Est-ce possible?
4 Vrai ou faux? Vous ne pouvez pas y aller à vélo.
5 Vrai ou faux? Il n'est pas possible de stationner aux Grottes de Savonnières.
6 Vrai ou faux? Il faut acheter trois billets pour visiter les trois monuments.

8 Lisez la lettre

Résumez ce qu'il aime faire.
Ecrivez une liste d'activités que vous pouvez recommander dans votre ville, dans votre région.

... C'est bientôt les vacances. Qu'est-ce que tu vas faire? Moi, je vais aller à Gravelines. Là il y a un centre omnisports formidable. J'adore le sport! Pour moi, les vacances veulent dire: nager, jouer au volley ou au basket. J'adore ça! Tu sais déjà que je vais au club d'athlétisme le mercredi après-midi et je joue souvent au football. Pendant les vacances, j'aurai la possibilité de faire beaucoup de sports différents. Je vais partir le 2 juillet et je vais y passer deux semaines avec ma famille...

9 Ecrivez une lettre

Parlez de ce que vous aimez faire pendant les vacances et de ce que vous allez faire cette année.

E Cette année je fais du camping avec trois amis. Nous avons trouvé un emplacement au camping municipal. Ce n'est pas mal. Nous sommes ici depuis quatre jours et on s'amuse!

F Je passe quelques jours à l'auberge de jeunesse. C'est ennuyeux! On ne peut pas faire de bruit après 22h! C'est nul! Et je n'aime pas les repas.

G Je suis en vacances avec ma famille. Nous logeons dans un hôtel. Je n'aime pas ça. C'est ennuyeux. Mes parents veulent savoir tout ce que je fais et ils m'interdisent de sortir tard le soir. Je ne suis pas content!

H Moi, je fais du camping avec mes copains. Nous avons deux tentes et deux voitures. Nous nous amusons beaucoup!

10 Regardez A, B, C et D

Que répondent-ils à la question: "Où loges-tu"?

11 Choisissez une personne E, F, G ou H

C'est vous! Imaginez!
Un(e) jeune Français(e) commence à vous parler.
Que répondez-vous? N'oubliez pas de donner le plus possible de détails.

- Tu es en vacances?
- Où est-ce que tu loges?
- Tu t'amuses ici?
- Tu es ici depuis combien de temps?
- Qu'est-ce que tu aimes faire?

12 Ecoutez la cassette

Marc, un jeune Français a enregistré un rapport sur ses vacances.
Notez le plus possible de détails sur ses vacances.

13 Ecrivez une carte postale à votre ami français

Dites-lui ce que vous avez fait aujourd'hui, sur la plage.

14 Les vacances en France

Vous allez en vacances en France avec les amis ci-dessous. Lisez cette lettre et changez-la. C'est à vous de réserver les places.

This is a formal letter. Note the ending and use this model to practise other letters.

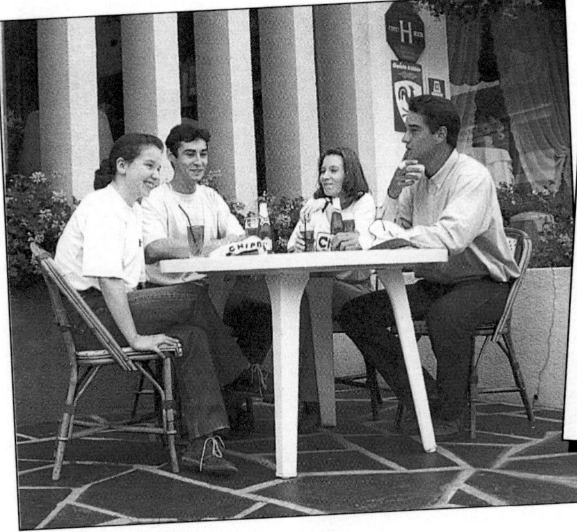

York
le 27 mars

Monsieur,

Pourriez-vous me réserver une chambre à deux lits avec salle de bains, du 18 juillet au 24 juillet?

Je vous prie d'agréer, monsieur, l'expression de mes sentiments les meilleurs

15 Regardez les photos

Ecrivez une lettre à votre ami français pour lui dire ce que vous avez fait pendant les vacances.

Remember you are talking about things that have happened in the past. Make sure that you use the right tense, eg J'ai nagé.

Un peu d'entraînement

1 Le passé composé

Qu'est-ce que vous avez fait pendant les vacances?
Regardez les dessins et écrivez six phrases.

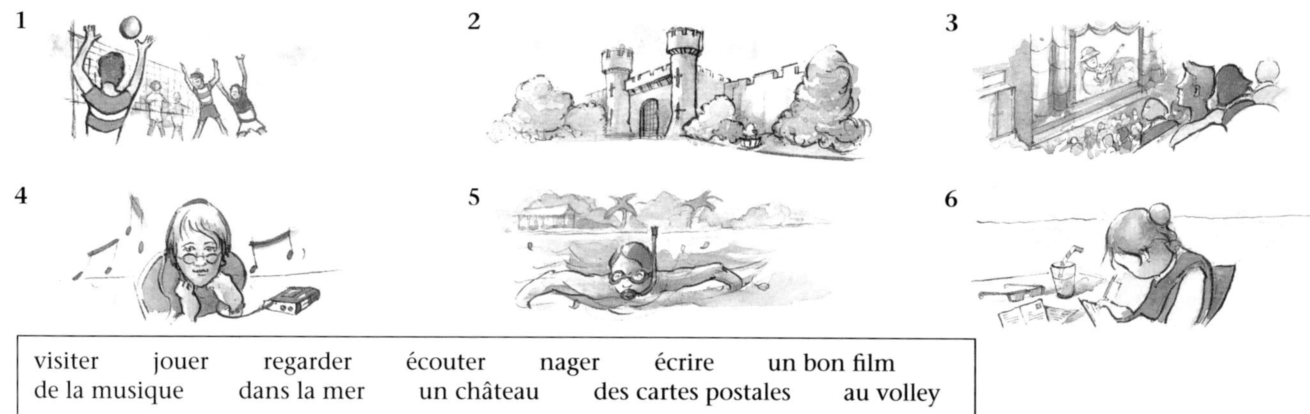

visiter	jouer	regarder	écouter	nager	écrire	un bon film
de la musique	dans la mer	un château	des cartes postales	au volley		

2 Regardez les dessins et répondez aux questions

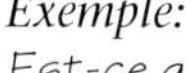

Exemple:
Est-ce que vous êtes sorti (e) samedi soir?
Oui, je suis sorti(e) samedi soir.

1 Où êtes-vous allé?

2 Vous êtes arrivé à quelle heure?

3 Et vous êtes rentré chez vous à quelle heure?

3 On fait un sondage sur les vacances

Que répondez-vous aux questions?

1 Où êtes-vous allé?

2 Où avez-vous logé?

3 Etes-vous allé en vacances en famille?

4 Avez-vous passé de bonnes vacances?

5 Qu'est-ce que vous avez fait?

4 Maintenant, c'est à vous

Ecrivez une description de vos vacances *ou* de ce que vous avez fait le week-end dernier *ou* de ce que vous avez fait pour votre anniversaire.

Vocabulaire

Les vacances	***Holidays***
l'ascenseur *m*	*lift*
l'auberge *f*	*inn*
l'auberge de jeunesse *f*	*youth hostel*
les bagages	*luggage*
le bloc sanitaire	*washing block*
le camping	*camping*
la caravane	*caravan*
la chambre (pour une personne/à deux lits/à un grand lit)	*(single/twin-bedded/ double-bedded) room*
la clé	*key*
le client/la cliente	*guest*
le dépliant	*leaflet*
le dortoir	*dormitory*
la douche	*shower*
l'escalier *m*	*stairs*
l'étage *m*	*floor*
l'étranger *m*/ l'étrangère *f*	*foreigner*
le gérant/la gérante	*manager*
le gîte	*self-catering accommodation*
le guide	*guide*
l'hôte *m*	*guest/host*
l'hôtel *m*	*hotel*
le lit	*bed*
le logement	*accommodation*
l'office du tourisme *m*	*tourist office*
le passeport	*passport*
le patron/la patronne	*proprietor*
la pension complète	*full board*
la pension	*guest house*
le petit déjeuner	*breakfast*
le pique-nique	*picnic*
le prix	*price*
la réception	*reception*
le repas	*meal*
la réservation	*reservation*
le restaurant	*restaurant*
le sac de couchage	*sleeping bag*
la salle de bains	*bathroom*
le séjour	*stay*
le service	*service*
le supplément	*surcharge*
le syndicat d'initiative	*tourist office*
le tarif	*tariff*
la tente	*tent*
le terrain de camping	*campsite*
le tourisme	*tourism*
le/la touriste	*tourist*
les vacances	*holidays*
la valise	*suitcase*
le voyage	*journey*
à l'étranger	*abroad*
au rez-de-chaussée	*on the ground floor*
au sous-sol	*in the basement*
calme	*calm*
compris	*included*
confortable	*comfortable*
en vacances	*on holiday*
fermé	*closed*
ouvert	*open*
s'amuser	*to enjoy oneself*
confirmer (par écrit)	*to confirm (in writing)*
faire du camping	*to go camping*
faire les valises	*to pack*
loger	*to stay*
partir	*to leave*
passer la nuit	*to spend the night*
réserver	*to reserve*
vérifier	*to check*
voyager	*to travel*

Les excursions	***Trips***
la cathédrale	*cathedral*
le château	*castle*
l'église *f*	*church*
la fontaine	*fountain*
la galerie d'art	*art gallery*
l'hôtel de ville	*town hall*
le jardin public	*public garden*
le lac	*lake*
le marché	*market*
le monument	*monument*
le parc d'attractions	*amusement park*
le parc naturel	*natural history park*
le parc	*park*
la piscine	*swimming pool*
le port	*port*
le site	*site*
le souvenir	*souvenir*
le tour	*tour*
la visite (guidée)	*(guided) tour*
historique	*historic*
pittoresque	*picturesque*
touristique	*tourist*
tranquille	*peaceful*
faire	*to do*
rendre visite à	*to visit (a person)*
visiter	*to visit (a place)*
Avez-vous une chambre pour une personne?	*Do you have a room for one person?*
Avez-vous un emplacement pour une tente?	*Do you have room for a tent?*
Avez-vous votre carte de membre?	*Do you have your membership card?*
Pour combien de nuits?	*For how many nights?*

Chez moi 8

Entraînez-vous à:
- parler de votre maison
- parler d'une journée typique chez vous
- décrire votre maison idéale

1 Regardez l'annonce A

Vrai ou faux?

1 Il y a deux chambres.
2 Il y a une cuisine équipée.
3 Il n'y a pas de salle de bains.
4 Il y a un garage et un jardin.

A
Maison
3 ch. cuis. équip.
SdB gar. jard.
Tél: 20.90.32.18

D
Superbe maison
4 chamb. gar. jard
2 SdB. cuis. cave
Tél: 20.57.69.22

2 Regardez les annonces B - F

Trouvez l'abréviation de:

- salle à manger
- salle de séjour

B
Appt.
5e étage
Séj. 2 ch.
cuis. SàM
Tél: 20.72.69.05

E
Appt.
4e étage
2 ch. séj.
parking
Tél: 20.06.86.60

C
Villa
Séj. 4 ch. 2 SdB
cuis. équipée.
gar. jard.
Tél: 20.23.57.92

F
Appt.
3e étage
séj. 2 ch. balcon.
cuis.
Tél: 20.84.85.27

3 Ecoutez la cassette

Un reporter décrit une maison très moderne à l'exposition: "La maison de l'avenir". Notez les objets ou les pièces mentionnés.

4 Ecoutez la cassette

Notez les détails sur les appartements et les maisons. Trouvez un appartement pour la famille ci-dessous.

Don't panic if you don't understand. Re-read the adverts to remind yourself of house details. Then listen again.

5 Ecrivez une annonce

Pensez à votre maison ou à votre appartement. Il faut inclure tous les détails importants: nombre de chambres, etc.

You can use this to help you learn and revise the key words.

6 Regardez ces dessins

Trouvez une phrase pour chaque dessin et recopiez-les dans le bon ordre.

1 2 3 4

- J'habite près de la mer.
- Je me lève à 7h 30 et je me couche vers 22h.
- Moi, j'habite une maison.
- Le soir, je fais mes devoirs et je regarde la télé.
- A l'étage, il y a trois chambres et la salle de bains.
- Au rez-de-chaussée, il y a la cuisine, le salon et la salle à manger.
- D'habitude, je fais la vaisselle et je range ma chambre.

Vrai ou faux?

1 Il habite à la campagne.
2 Il habite une maison.
3 Il se lève à 7h 15.
4 Il ne fait pas de devoirs.
5 De temps en temps, il range sa chambre.

7 Votre amie française vient chez vous

Elle décrit une journée typique chez elle. Notez les détails.
Exemple
Elle se réveille à 7h 15

Décrivez une journée typique chez vous.
Est-ce qu'elle va trouver beaucoup de différences entre sa journée typique et celle qu'elle va vivre chez vous?

5 6 7

8 Votre amie veut emprunter quelques objets

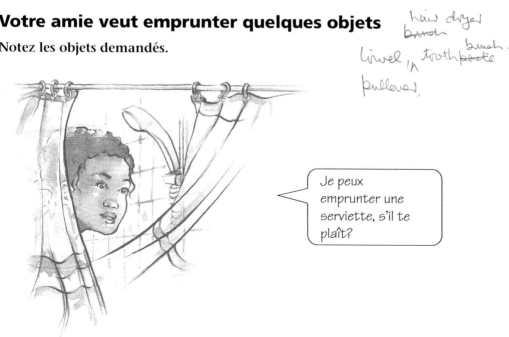

Notez les objets demandés.

Je peux emprunter une serviette, s'il te plaît?

9 Préparez une bande dessinée

Parlez de votre maison et d'une journée typique chez vous.

10 Regardez les dessins et les photos

Trouvez un magasin pour chaque objet.
Exemple
B devrait aller au magasin de photos.

A

B

C

D

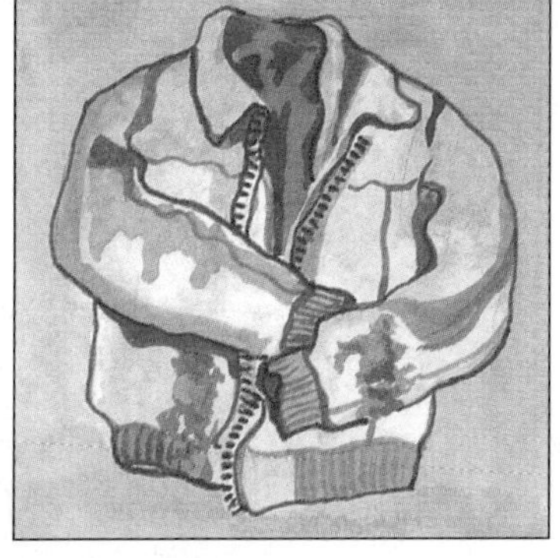

11 Voici deux dialogues

Lisez le dialogue. Regardez les dessins et changez-le.

- Ah... non!
- Qu'est-ce qu'il y a?
- J'ai laissé tomber *une tasse de café*... regarde *mon pull*... il est tout mouillé.
- Ne t'inquiète pas. Tu peux le laver.
- Euh... je peux utiliser la machine à laver?
- Oui... bien sûr. Viens... je te montre comment ça marche.

a 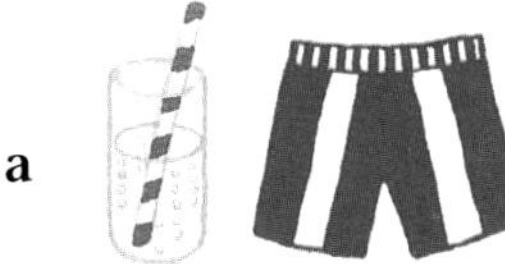

b 

Maintenant, changez ce dialogue.

- Ecoute, j'ai besoin de *piles* pour *mon appareil-photo*...
- Tu peux les acheter dans *un magasin de photos*.
- Il y a un magasin près d'ici?
- Oui... c'est tout près de la pharmacie.

a

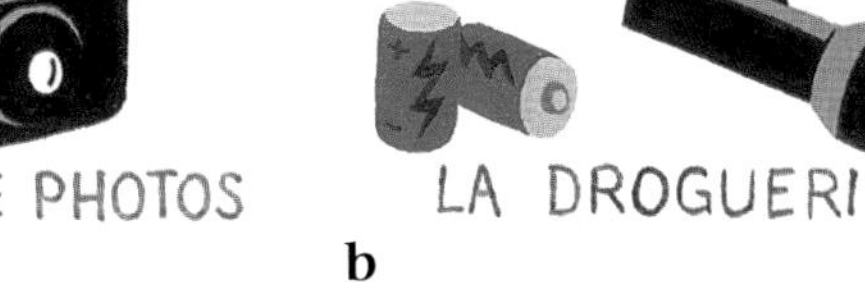

b

12 Que dites-vous quand vous arrivez au pressing?

Complétez ce dialogue.

- Bonjour, monsieur/madame. Je peux vous aider?
- Bonjour, je voudrais faire nettoyer

- Oui. Eh bien... vous pourrez la reprendre demain après-midi. Ça va?
-

- Une veste... , c'est 58 F. Votre nom, s'il vous plaît?
- (*répondez à la question*)
- A demain, alors.

Vous voulez faire réparer votre appareil-photo. Regardez les dessins et changez le dialogue.

13 Lisez cette lettre

Pourquoi Véronique n'est-elle pas très contente?

...alors, je te parle d'une journée typique chez moi. D'habitude, je me lève assez tôt, vers 7h 30 et je me couche vers 22h 30. Mais le week-end, je me lève plus tard, le matin. Et si je sors avec mes copains, je me couche un peu plus tard aussi.

Mes parents me demandent de donner un coup de main à la maison. Je fais la vaisselle, et de temps en temps je passe l'aspirateur. Je n'aime pas ça... et je dois ranger ma chambre. Ça m'embête, car je partage ma chambre avec ma soeur qui m'énerve. Elle est plus jeune que moi et elle met toujours la chambre en désordre. Et en plus, elle se sert de mon maquillage et je suis sûre qu'elle met mes vêtements quand je ne suis pas là. C'est vraiment énervant!

Et toi, est-ce que tu partages ta chambre? Sinon, tu as de la chance! Peut-être que, toi aussi, tu dois faire le ménage.

Ecris-moi vite.

Amitiés

Véronique

Ecrivez une lettre à Véronique. Parlez d'une journée typique chez vous. N'oubliez pas de répondre à ses questions.

14 Votre maison idéale

Si vous habitiez votre maison idéale, que feriez-vous?
Décrivez votre maison idéale. Elle est comment?

1 Elle est grande ou petite?
2 Elle est vieille ou moderne?
3 Il y a combien de pièces?

Maintenant, décrivez votre journée typique.

Un peu d'entraînement

1 Je me lève de bonne heure

Recopiez ces phrases dans le bon ordre et vous aurez une description d'une journée typique chez Marc.

1 Les cours finissent à 17h et je rentre vite chez moi, car j'ai faim.
2 Je me couche vers 22h 30.
3 D'habitude, je me lave et je m'habille avant de prendre mon petit déjeuner.
4 Je fais mes devoirs après le dîner.
5 Mon père se lève très tôt, à 6h 30, parce qu'il quitte la maison à 7h 45.
6 J'aime bien regarder la télé ou écouter de la musique avant de me coucher.
7 Mais moi, je me lève vers 7h 30.
8 Je quitte la maison vers 8h 15 pour aller au lycée.

2 Un magazine de santé fait un sondage

Que répondez-vous aux questions suivantes?

1 Bon, pour commencer, vous vous levez à quelle heure?
2 Et vous vous brossez les dents deux ou trois fois par jour?
3 Combien de fois vous brossez-vous les cheveux par jour?
4 Est-ce que vous vous entraînez?
5 Et pour terminer, vous vous couchez à quelle heure, d'habitude?

3 Complétez ces phrases

Exemple:
Normalement, je me lève à sept heures mais... (8h)
Ce matin, je me suis levé à huit heures.

1 Normalement, je m'habille à sept heures et quart mais... (8h 15)
2 Je suis coiffeur. Normalement, j'arrive au salon à huit heures et quart mais... (9h)
3 Normalement, la patronne arrive au salon à neuf heures mais aujourd'hui, elle... (8h 30)
4 Normalement, je rentre chez moi à dix neuf heures mais... (20h)
5 Normalement, je me couche à onze heures mais... (21h)

Quelle journée!

Vocabulaire

La maison	***The house***
l'appartement *m*	*flat*
le bureau	*study*
la campagne	*country*
la cave	*cellar*
la chambre	*bedroom*
le coin repas	*dining area*
la cuisine	*kitchen*
l'entrée *f*	*hallway*
l'escalier *m*	*stairs*
la fenêtre	*window*
la ferme	*farm*
le garage	*garage*
le grenier	*loft*
l'herbe *f*	*grass*
l'immeuble *m*	*appartment block*
le jardin	*garden*
la maison	*house*
le pavillon	*detached house*
la pelouse	*lawn*
la pièce	*room*
la porte	*door*
le rez-de-chaussée	*ground floor*
la salle à manger	*dining room*
la salle de bains	*bathroom*
la salle de séjour	*living room*
le salon	*lounge*
le sous-sol	*basement*
la véranda	*veranda*
les WC	*toilet*
à la campagne	*in the country*
en ville	*in town*
en bas	*downstairs*
en haut	*upstairs*
grand	*big*
moderne	*modern*
petit	*small*
vieux/vieille	*old*
débarrasser	*to clear the table*
faire le ménage	*to do the housework*
faire la vaisselle	*to do the washing-up*
habiter	*to live*
mettre la table	*to lay the table*
passer l'aspirateur	*to hoover*
chez moi	*at my house*
J'habite une grande maison à la campagne.	*I live in a big house in the country.*

Dans ma chambre	***In my bedroom***
l'armoire *f*	*wardrobe*
la chaîne hi-fi	*stereo*
la chaise	*chair*
le fauteuil	*armchair*
la commode	*chest of drawers*
l'étagère *f*	*bookshelves*
la glace	*mirror*
le lecteur de CDs	*CD player*
le lit	*bed*
le magnétophone	*cassette recorder*
l'ordinateur *m*	*computer*
le placard	*cupboard*
le poster	*poster*
la radio	*radio*
la table	*table*
la télévision	*television*
aller au lit	*to go to bed*
se coucher	*to go to bed*
faire le lit	*to make the bed*
s'habiller	*to get dressed*
se laver	*to get washed*
se lever	*to get up*
partager	*to share*
ranger la chambre	*to tidy the bedroom*
se réveiller	*to wake up*
Je partage ma chambre avec ma sœur.	*I share my bedroom with my sister.*

Les services	***Services***
la cordonnerie	*shoe repairers*
la droguerie	*drugstore*
la laverie automatique	*laundrette*
le magasin de photos	*camera shop*
le pressing	*dry-cleaners*
faire réparer	*to have repaired*
laver	*to wash*
nettoyer	*to clean*
réparer	*to repair*
Je voudrais faire nettoyer cette veste	*I would like to have this jacket cleaned.*
Vous pourriez la reprendre demain après-midi.	*You could pick it up tomorrow afternoon.*
C'est combien?	*How much is it?*

Quel temps fait-il? 9

Entraînez-vous à
- comprendre la météo
- parler du climat et de l'environnement

1 Regardez la météo pour demain

Vrai ou faux?

1 Il va faire beau à Grenoble.
2 Il va pleuvoir à Bordeaux.
3 Il va faire froid à Nice.
4 Il y aura du brouillard dans les montagnes.

2 Lisez cette invitation et écoutez la météo

Tu veux sortir samedi après-midi? On va jouer au tennis ou aller au bowling. Ça te dit?

1 Quel temps fera-t-il?
2 Quelle activité allez-vous choisir? Répondez à l'invitation.

3 Lisez la météo pour demain

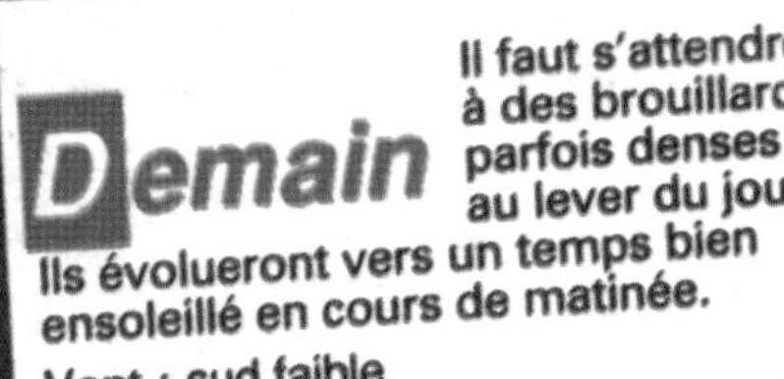

Demain Il faut s'attendre à des brouillards parfois denses au lever du jour. Ils évolueront vers un temps bien ensoleillé en cours de matinée.

Vent : sud faible.

Températures minimales :	Températures maximales :
7 à 9°	12 à 14°

Quel temps fera-t-il?
Lisez le dialogue. Qu'est-ce qu'ils proposent de faire? Est-ce une bonne idée?

– Dis, tu veux sortir demain?
– Oui. Qu'est-ce qu'on va faire?
– Attends… je vais regarder la météo… euh… *il fera beau… mais un peu froid…* .
– Eh bien. Je ne veux pas *jouer au tennis*!
– Non… tu veux *aller à la piscine? Et après, on peut aller chez moi et regarder une vidéo*. Ça te dit?
– Oui, bonne idée. *Qu'est-ce qu'on va regarder?*

4 Ecoutez la météo

Quel temps fera-t-il?
Quelles activités proposez-vous?
Relisez le dialogue (voir 3) et changez les morceaux de phrases indiquées.

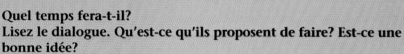

Remember that you are talking about what you are going to do. Make sure you use the right tense.

5 Lisez cet extrait d'un magazine

Lisez toutes les réponses et notez le temps et les activités mentionnés

On vous pose une question: quelle est votre destination de vacances idéales? Un week-end inoubliable à Paris? Quinze jours dans les montagnes? Un mois dans un pays inconnu? A vous de décrire vos vacances idéales.

"Chaque année, nous passons quinze jours chez mes grands-parents dans le sud de la France, près de Nice. Ce n'est pas mal... on s'amuse et j'aime bien rendre visite à mes grands-parents. Mais mon rêve serait d'aller en Chine. Je voudrais bien suivre "la route de la soie" et visiter tous les sites légendaires dans ce pays de mystère.
Pierre-Yves"

"C'est la première fois que je réponds à une question dans un magazine mais pour moi, il n'y a qu'un pays qui me fait rêver: l'île Maurice. J'ai une correspondante mauricienne qui m'a envoyé des photos de cette île tellement belle. Pendant la saison des pluies, il pleut beaucoup mais quand il fait beau... il fait très chaud. J'aimerais passer les grandes vacances là-bas, sur la plage sablée. Je bronzerais et, peut-être que je nagerais dans la mer.
Eléonore"

"J'ai de la chance parce que, chaque année aux mois de décembre et de janvier, je visite ma destination idéale: les Alpes. Pendant ces deux mois, je suis très content car j'adore la neige et j'adore faire du ski. Donc, pour mes vacances idéales, je mettrais mes skis dans la voiture et de la crème solaire dans ma valise et je partirais demain!
Laurent"

6 Relisez les réponses (voir 5)

Trouvez quelqu'un:

- qui a déjà visité sa destination idéale;
- qui aime l'aventure;
- qui connaît quelqu'un qui habite dans le pays choisi;
- qui préfère un climat chaud;
- qui veut visiter l'Asie;
- qui veut visiter l'Amérique du Nord;
- qui veut rester en Europe.

"Moi, je voudrais bien aller au Canada. J'ai des cousins qui habitent à Montréal... et j'aimerais visiter ce grand pays intéressant. Là, où habitent des Anglophones et des Francophones et même des Esquimaux! Là, où on est un peu américain et un peu français mais surtout canadien. Là, où on peut visiter les Rockies, les grandes montagnes et des lacs splendides. Oui, mon rêve, c'est d'aller au Canada."
Lauriane

7 Ecrivez votre réponse à la question du magazine

Quelle est votre destination idéale?

Enquête sur la pollution

Triste championne

La ville la plus polluée du monde est Mexico. En 1991, en moyenne sur l'année, un mètre cube d'air de la capitale du Mexique contenait plus de 120 microgrammes d'ozone et 170 microgrammes de dioxyde de soufre. En comparaison, les chiffres pour Paris sont de 15 microgrammes pour l'ozone et 25 pour le dioxyde de soufre...

En quoi consiste cette "Directive ozone" ?

Professeur Grimfeld : **En période de pollution, nous allons donner des conseils aux personnes les plus fragiles, dans les journaux, à la radio, à la télé. Par exemple, nous leur dirons : "Évitez de faire des efforts physiques à l'extérieur, ou si vous ne pouvez pas faire autrement, n'oubliez pas de prendre vos médicaments." En période d'alerte, en cas de pic de pollution important, nous serons beaucoup plus directifs : "Ne sortez pas de chez vous, ne faites aucun effort physique, et prenez absolument vos médicaments."**

La pollution atmosphérique risque-t-elle d'atteindre tout le monde ?

Professeur Grimfeld : **Plus nos moyens de défense sont puissants, moins nous sommes sensibles aux agressions, notamment à celle que représente l'air pollué. Mais tout le monde est vulnérable : si le niveau de pollution continue à s'élever, petit à petit, nous serons tous atteints. Il ne faut pas faire de catastrophisme, mais il faut se réveiller, parce que c'est la planète entière qui est concernée.** ■

La pollution, faites attention!

Ne détruisez pas cette planète,
Car elle ne serait pas très nette!

Ne chassez pas les poissons,
Admirez-les pour ce qu'ils font!

Ne cueillez pas les fleurs,
Observez-les pendant des heures!

Arrêtez d'allumer du feu dans la nature,
Ne jetez plus toutes ces ordures.

N'abîmez pas la mer en déversant des hydrocarbures,
Pensez au moins à la nature!

Ce paradis,
Si vous l'aimez,
Protégez-le en pensant à votre vie!

Hélène Lieurin

8 Lisez le texte

Vrai ou faux? La ville la plus polluée du monde se trouve en Europe.

9 Lisez le texte

Selon le professeur Grimfeld, la pollution est dangereuse pour:

- les enfants;
- les asthmatiques;
- tout le monde.

Résumez les conseils donnés aux personnes les plus fragiles en période de pollution.

10 Lisez le poème

Ecrivez une liste des problèmes mentionnés.

Relisez le poème. Dessinez un poster pour illustrer ce qu'on peut faire pour aider à protéger l'environnement.

Don't worry if you don't understand every word. Try to work out what the key words mean from the context. Then look them up in the dictionary to check that you have understood them correctly.

11 On parle des effets du tourisme sur l'environnement

Notez les problèmes mentionnés.

12 Que faites-vous?

Notez les conseils que vous pouvez suivre chez vous.

Don't panic if you don't understand everything. Listen to the recording. Re-read the poem, it might contain some of the key words you hear. Make notes. Listen again.

13 Lisez le poème

Répondez aux questions.

Les quatre saisons:
printemps, été, automne
et hiver.
Nous avons tous notre
saison préferée.
En hiver, moi, je vais à la
montagne.
Au printemps, je vais à la
campagne.
En été, je vais à la mer.
Et en automne, c'est la
rentrée. Je vais au lycée.

Ma saison préférée, c'est l'hiver. J'adore les montagnes… et j'aime bien faire du ski.

1 Quelle est ta saison préférée?
2 On dit qu'il pleut toujours dans ton pays. Est-ce vrai?
3 Quel temps fait-il en été, d'habitude, dans ton pays?
4 Et en hiver?
5 Que fais-tu en hiver?

14 C'est à vous

On vous dit: "Parlez-moi un peu de votre ville/de votre région".
Que répondez-vous? Réfléchissez un peu.

1 Est-ce que vous habitez:
au bord de la mer?
à la montagne?
à la campagne?
en ville?
2 Est-ce que ça vous plaît?
3 Qu'est-ce que vous aimez faire?
4 Est-ce qu'il y a beaucoup de choses pour les jeunes?

Préparez une réponse à chaque question.
Exemple:
J'habite dans un petit village à la campagne.

Relisez vos réponses. Corrigez-les, si nécessaire.
Enregistrez votre réponse à la question: "Parlez-moi de votre ville/votre région".
Est-ce bien?

Un peu d'entraînement

1 Au futur

Complétez les phrases.

1 Tu (partir) à quelle heure?
2 Je (mettre) un tee-shirt blanc et un jean.
3 Nous (arriver) à 11h.
4 Mon frère (prendre) le train.
5 Il nous (attendre) près de l'entrée.

2 On vous donne quelques conseils

Que répondez-vous?

Exemple:
C'est une bonne idée de réserver une place dans le train. (lundi)
D'accord. Je réserverai une place lundi.

1 C'est une bonne idée de téléphoner avant de partir. (demain matin)
2 C'est une bonne idée d'acheter une pellicule avant de partir. (mardi)
3 N'oublie pas d'écouter la météo. (demain après-midi)
4 N'oublie pas d'acheter des cartes postales. (mercredi)
5 C'est une bonne idée de partir de bonne heure. (avant le petit déjeuner)

3 Qu'est-ce que vous allez faire pendant les vacances

Ça dépend du temps qu'il fait. Faites une liste.

Exemple:
S'il fait du vent… (faire de la planche à voile) je ferai de la planche à voile.

1 S'il pleut… (jouer avec l'ordinateur)
2 S'il neige… (regarder la télévision)
3 S'il fait froid… (rester à la maison)
4 S'il fait chaud… (aller à la plage)
5 S'il fait beau… (faire une promenade)
6 S'il fait mauvais… (aller chez mes amis)
7 S'il y a du soleil… (bronzer)

4 Les vacances en famille

Ce n'est pas mal, mais plus tard, quand ce sera à vous de choisir votre destination, que ferez-vous?

Exemple:
Moi, j'irai aux Etats-Unis

Répondez aux questions.

1 Où irez-vous?
2 Que ferez-vous?
3 Comment voyagerez-vous?
4 Vous voyagerez seul(e) ou avec des amis?

Vocabulaire

Le temps	***The weather***
l'après-midi *m* or *f*	*afternoon*
l'arc-en-ciel *m*	*rainbow*
l'automne *m*	*autumn*
l'averse *f*	*shower*
le brouillard	*fog*
la chaleur	*heat*
le ciel	*sky*
le climat	*climate*
l'éclaircie *f*	*bright interval*
l'été *m*	*summer*
la gelée	*frost*
la glace	*ice*
la grêle	*hail*
l'hiver *m*	*winter*
la météo	*weather forecast*
la neige	*snow*
le nuage	*cloud*
l'orage *m*	*storm*
la pluie	*rain*
les prévisions météorologiques	*weather predictions*
le printemps	*spring*
la saison	*season*
le soleil	*sun*
la température	*temperature*
la tempête	*storm*
le tonnerre	*thunder*
le vent	*wind*
à l'ombre	*in the shade*
agréable	*nice*
aujourd'hui	*today*
beau/belle	*fine*
brumeux	*misty*
chaud	*hot*
couvert	*covered*
demain	*tomorrow*
frais/fraîche	*fresh, cool*
froid	*cold*
humide	*humid*
mauvais	*bad*
mouillé	*damp*
nuageux	*cloudy*
orageux	*stormy*
sec/sèche	*dry*
s'améliorer	*to get better*
briller	*to shine*
changer	*to change*
geler	*to freeze*
neiger	*to snow*
pleuvoir	*to rain*
prévoir	*to predict*

Les pays	***Countries***
l'Angleterre	*England*
le Canada	*Canada*
l'Ecosse	*Scotland*
l'Espagne	*Spain*
les Etats-Unis	*USA*
l'Europe	*Europe*
la France	*France*
la Grande-Bretagne	*Great Britain*
la Grèce	*Greece*
l'Irlande (du Nord)	*(Northern) Ireland*
le pays de Galles	*Wales*
le Royaume-Uni	*United Kingdom*
la Suisse	*Switzerland*

L'environnement	***Environment***
la côte	*coast*
la fleur	*flower*
le fleuve	*river*
la nature	*nature*
la planète	*planet*
la plante	*plant*
le poisson	*fish*
la pollution	*pollution*
la rivière	*river*
la terre	*earth*
le tourisme	*tourism*
pollué	*polluted*
polluer	*to pollute*
sauver	*to save*
Quel temps fait-il?	*What's the weather like?*
Il fait beau/mauvais.	*It's fine/bad.*
Il fera beau.	*It will be fine.*
Il faisait chaud.	*It was hot.*
J'habite une petite maison à la campagne. On habite tout près d'une rivière.	*I live in a little house in the country. We live near a river.*
J'aimerais aller au Canada. Je voudrais visiter les montagnes Rocheuses.	*I would like to go to Canada. I would like to visit the Rockies.*

Bon voyage 10

Entraînez-vous à
- acheter des billets pour le train, pour l'avion et pour le bateau
- acheter de l'essence
- décrire un accident

1 Un jeune Français vous parle de ses vacances

- Où est-il allé?
- Comment a-t-il voyagé?
- A-t-il fait un bon voyage?

2 Vous travaillez dans un garage

Quelques touristes Français sont en panne. Ecoutez la cassette et notez les détails.

le moteur ne démarre pas,
la batterie est à plat

3 Lisez cet article

Quatre morts et dix blessés

Par quatre fois en un peu plus de vingt-quatre heures, la mort a frappé, au cours du week-end, sur les routes du versant Nord-Est de la métropole lilloise.

Elle a fait sa première victime, un adolescent de 15 ans, à Roubaix, samedi en début d'après-midi. Alors qu'il circulait à bicyclette, dans la rue de Tourcoing, Mustapha Berrabah a été percuté par une voiture roulant dans le même sens que lui. Il est décédé le soir même à 21h 30 au CHR de Lille....

Vous savez que votre amie a vu un accident en ville. Ecoutez la cassette. Elle parle de l'accident. Est-ce qu'elle a vu l'accident décrit dans l'article?

Read the article carefully before listening. It might help to take notes of the key points. Then compare these with what you hear.

4 Lisez le dialogue

Trouvez le dessin (a, b ou c) qui correspond.

a 

b 

c 

- Bonjour. Je voudrais un aller-retour pour Paris, s'il vous plaît.
- En quelle classe?
- En deuxième classe. Il faut réserver?
- Ça dépend... quand voulez-vous partir?
- Vendredi après-midi, à 14h 30.
- Oui, il faut réserver votre place. Dans un compartiment fumeurs?
- Non-fumeurs, s'il vous plaît.
- Alors c'est 458 F.
- Voilà.
- Merci. Voilà. Votre billet.

Regardez les dessins et changez le dialogue.

5 Recopiez les phrases dans le bon ordre

Vous trouverez deux dialogues qui correspondent aux photos.

- Je voudrais réserver une place sur le vol de Paris à Marseille.

- Tauran, Fabienne Tauran.

- Sittler, Pierre-Yves Sittler.

- Pour la traversée de 15h? Oui... il y a de la place. Votre nom, s'il vous plaît?

- Voilà, Monsieur Sittler. C'est 550F.

- Paris à Marseille? Votre nom, s'il vous plaît?

- Voilà, Mademoiselle Tauran. C'est 440F.

- Je voudrais un aller-retour pour la traversée de 15h, s'il vous plaît.

6 Inventez un dialogue pour chaque description

1 Vous êtes à Marseille et vous allez à Paris. Vous voyagez en avion.
2 Vous achetez un billet pour Lyon.
3 Vous êtes à Calais et vous prenez le bateau pour Douvres. Vous voulez partir à 14h 30.

7 Ecoutez la cassette

Trouvez la pompe qui correspond à chaque dialogue.

a

b

c
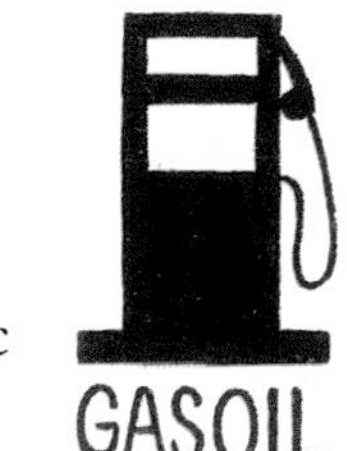

8 Lisez le dialogue et changez-le

- Vous en voulez combien, monsieur?
- Faites le plein de gasoil, s'il vous plaît.
  Et voulez-vous aussi vérifier l'eau et l'huile?

- L'eau, ça va. Mais vous avez besoin d'huile.
  Je vous en mets un demi-litre?
- Oui... merci.

- Voilà... vous payez à la caisse, s'il vous plaît.
- D'accord. Euh... il y a des toilettes ici?
- Oui... derrière le garage.

- Qu'est-ce que vous allez demander?
  Vous pourriez demander au pompiste de vérifier:

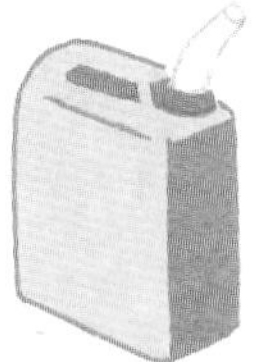

- Vous pourriez acheter:

- Vous pourriez demander où est/sont?:

9 Lisez ces renseignements SNCF

Les tarifs individuels

LES PRIX JOKER

Joker permet de voyager à prix réduit, en 2e classe, sur plus de 400 destinations en France et à l'étranger, au départ de Paris et de la Province.

Les prix Joker sont accessibles à tous, sans condition d'âge, à condition de réserver à l'avance.

CARRISSIMO

Vous avez entre 12 et 25 ans?
CARRISSIMO vous fait bénéficier selon les trains, **de 20% ou de 50% de réduction sur le prix de base des billets** en 1re ou en 2e classe.
CARRISSIMO est valable un an. Vous pouvez en acheter autant que vous voulez.

CARTE VERMEIL

Si vous avez 60 ans ou plus, la SNCF vous propose deux formules de Carte Vermeil:

- la Carte Vermeil Quatre Temps
- la Carte Vermeil Plein Temps.

Renseignez-vous dans votre gare

Les tarifs familiaux

LA CARTE FAMILLE NOMBREUSE

Votre famille compte **au minimum 3 enfants** et l'un d'entre eux n'a pas encore 18 ans?

La Carte Famille Nombreuse vous propose une réduction individuelle, **dans tous les trains**, de **30%, 40%, 50% ou 75%** sur le prix de base des billets, **selon le nombre de vos enfants mineurs**.

LA CARTE COUPLE

Cette carte, valable un an, **gratuite** permet à chacun des époux ou concubins figurant sur la carte et **voyageant ensemble** de bénéficier de **25% de réduction** sur le prix de base des billets dans presque tous les trains.

- Avez-vous droit à une réduction? Laquelle?
- Et les personnes ci-dessous?

a

b

c

10 Vous allez à la gare

**Vous cherchez des renseignements sur les réductions.
Regardez les symboles. Où allez-vous?**

a 

b 

c 

d 

11 Lisez cet article

**Vous partez demain et vous allez prendre le TGV.
Est-ce que vous aurez un problème?**

SNCF

LA SNCF prévoit des perturbations sur son réseau pour la journée de demain et les services de nuit de mardi à jeudi, en raisons d'arrêts de travail. Pour les grandes lignes, le service de TGV sera normal ainsi que les dessertes hors TGV du nord, de l'est et sur l'Auvergne.

12 Lisez l'article

**Pourquoi y-a-t-il des problèmes de stationnement?
Le député-maire, que pense-t-il du stationnement payant?**

Se garer en centre-ville: une solution?

Comme toutes les villes, Saint-Omer est confrontée à l'épineux problème de stationnement. Un stationnement de plus en plus difficile pour deux simples raisons: l'accroissement du parc automobile et, il faut l'admettre, le refus, pour beaucoup, de marcher, même sur une très courte distance.

Ville et voitures sont pourtant indissociables, en particulier à Saint-Omer où, tout le monde est d'accord sur ce point, l'activité commerciale est importante, dynamique, attractive et appréciée. Mais les artères étroites génèrent inévitablement des problèmes qui, à certaines heures, prennent une acuité unsupportable.

«C'est à cause de ces difficultés» précise le député-maire «que mes prédécesseurs, puis moi-même, avons été amenés à facturer le stationnement de surface… … Le stationnement payant n'est pas une volonté municipale, c'est un mal nécessaire qui peut, éventuellement, inciter l'automobiliste à être plus raisonnable».

Read the questions carefully before you read the article. They help you to focus on the key points. Remember, you don't need to understand every word.

13 Que pensez-vous du stationnement payant?

A votre avis, est-ce que les habitants d'une ville ont le droit de stationner en centre-ville?

14 Regardez le dessin A

Quatre témoins décrivent l'accident.

- Est-ce qu'il y a des différences entre les quatre témoignages?
- Réécoutez la cassette. A votre avis, qui est un bon témoin?
- Est-ce qu'un bon témoin parle de manière calme?
- Est-ce qu'un bon témoin réfléchit avant de parler?

Prepare yourself to listen. Read the questions and look at the picture. What are you likely to hear? Then jot down a few notes after each witness has spoken.

15 Lisez cet article

Un journaliste décrit l'accident A. Est-ce qu'il y a des erreurs?

Lundi, vers 10h 30, deux voitures qui roulaient en centre-ville sont entrées en collision. Plusieurs personnes ont été témoins de l'accident. La Peugeot de M. Bernard Fontaine démarrait quand l'autre voiture l'a heurtée. Il paraît que le conducteur de la deuxième voiture roulait trop vite et qu'il a brûlé un feu. Heureusement, il n'y pas eu de blessés.

16 A vous maintenant

Regardez le dessin B. Choisissez un personnage.

1 Préparez votre témoignage.
2 Enregistrez-le. Etes-vous un bon témoin?
3 Pour terminer, écrivez votre rapport pour le journal.

Re-read the article written by the journalist. Remember that you are speaking and writing about something that has happened in the past. Make sure you use the right tenses.

Un peu d'entraînement

1 L'imparfait exprime l'habitude

Exemples:
Je jouais du piano, mais maintenant, je joue de la trompette.
Je n'aimais pas nager, mais maintenant je vais à la piscine toutes les semaines.

Qu'est-ce que vous faisiez quand vous aviez 10 ans? Ecrivez une description.

Exemple:
J'allais à l'école primaire

Voici des phrases pour vous aider. Ajoutez d'autres phrases, si vous voulez.

jouer avec mes jouets	regarder les dessins animés	aller à l'école primaire
jouer du piano	lire les bandes dessinées	faire du vélo

2 L'imparfait exprime les circonstances

Exemples:
C'était super!
J'étais assez grand(e).

Décrivez-vous il y a cinq ans.

Exemple:
J'avais les cheveux longs.

1 Etiez-vous grand(e) ou petit(e)?
2 Aviez-vous les cheveux longs ou courts?
3 Aviez-vous les cheveux raides ou bouclés?
4 Portiez-vous des lunettes?
5 Etiez-vous mince ou gros(se)?

3 L'imparfait exprime aussi les actions en cours

Exemple:
La Peugeot de Monsieur Fontaine démarrait quand l'autre voiture l'a heurtée.

Complétez les phrases.

Exemple:
Il (pleuvoir) quand Marc est arrivé.
Il pleuvait quand Marc est arrivé.

1 Il (neiger) quand nous sommes partis ce matin.
2 Sophie (faire du ski) quand elle s'est fait mal au bras.
3 Nous (aller) à l'hôpital quand nous avons vu l'accident.
4 La voiture (démarrer) quand le camion l'a heurtée.
5 Il (faire) du vent quand nous sommes allés à la plage.
6 Je (regarder) la télé quand il a téléphoné.
7 J' (être) très fatigué quand je suis arrivé chez moi.

Vocabulaire

Le train	***The train***
un aller simple	*single ticket*
un aller-retour	*return ticket*
le billet	*ticket*
le buffet	*buffet*
le bureau de change	*exchange office*
le chemin de fer	*railway*
le compartiment	*compartment*
la consigne	*left-luggage*
la gare	*station*
le guichet	*ticket office*
l'horaire *m*	*timetable*
le passage souterrain	*subway*
le quai	*platform*
la réduction	*reduction*
les renseignements	*information*
la réservation	*reservation*
la salle d'attente	*waiting room*
le tarif	*tariff*
le TGV (train à grande vitesse)	*high-speed train*
le train	*train*
la voie	*track*
le voyageur / la voyageuse	*traveller*
le wagon-lit	*sleeping compartment*
en première/deuxième classe	*in first/second class*
(non) fumeurs	*(non-) smoking*
arriver	*to arrive*
changer	*to change*
composter	*to date-stamp*
descendre	*to get off*
manquer	*to miss*
monter	*to get on*
prendre le train	*to take the train*
réserver	*to reserve*

En voiture	***In the car***
la ceinture (de sécurité)	*seatbelt*
le coffre	*boot*
le frein	*brake*
le pneu	*tyre*
la voiture	*car*
le volant	*steering wheel*

Sur la route	***On the road***
la bicyclette	*bicycle*
la circulation	*traffic*
la déviation	*diversion*
l'eau *f*	*water*
l'essence *f*	*petrol*
les feux	*traffic lights*
le garage	*garage*
le gazole/gas-oil	*diesel*
l'huile *f*	*oil*
la panne d'essence	*empty tank*
le panneau	*sign*
le péage	*toll booth*
le radiateur	*radiator*
la route	*road*
le sans plomb	*unleaded petrol*
le stationnement	*parking*
la station-service	*service station*
le super	*4 star petrol*
gratuit	*free*
payant	*paying*
conduire	*to drive*
démarrer	*to start*
faire le plein	*to fill it up*
payer	*to pay*
rouler	*to drive*
stationner	*to park*
vérifier	*to check*

Les accidents de la route	***Road accidents***
l'assurance *f*	*insurance*
la collision	*collision*
la police	*police*
le pompier	*firefighter*
le service de dépannage	*breakdown service*
les services de secours	*emergency services*
l'urgence *f*	*emergency*
blessé	*wounded*
mort	*dead*
sain et sauf	*safe and sound*
appeler	*to call*
brûler un feu	*to go through a red light*
doubler	*to overtake*
heurter	*to hit*
rouler trop vite	*to drive too fast*
Faites le plein, s'il vous plaît.	*Fill it up, please.*
Un aller-retour pour Paris, s'il vous plaît.	*A return ticket for Paris please.*
Le train en provenance de Lille arrive en gare, quai numéro 5.	*The train from Lille is arriving in the station, platform number 5.*
Mes freins ne marchent pas.	*My brakes don't work.*
Voulez-vous vérifier les pneus?	*Could you check the tyres?*

A table 11

Entraînez-vous à
- parler de ce que vous aimez manger
- acheter à manger
- commander un repas dans un restaurant

1 Lisez le quiz

Notez vos réponses.

Ecoutez les bonnes réponses. Vous les avez toutes devinées?

QUE SAVEZ-VOUS SUR LES ALIMENTS?

1 Il existe en France
a plus de 265 **b** plus de 365 **c** plus de 465
sortes de fromage.

2 En France, on mange
a 22 **b** 24 **c** 26
kilos de fromage par personne par an.

3 En Irlande, on mange
a 2 **b** 4 **c** 6
kilos de fromage par personne par an.

4 Au Pays-Bas et en Allemagne, on préfère manger du fromage
a au petit déjeuner **b** au déjeuner **c** au dîner.

5 Dans sa vie, un seul homme mange
a 40 **b** 50 **c** 60
tonnes d'aliments.

2 Des records alimentaires

Trouvez la description ou les ingrédients qui correspondent à chaque record.

1 La plus grosse omelette du monde contenait...
2 La plus grosse tablette de chocolat mesurait...
3 Le plus gros hamburger pesait...
4 La plus grosse saucisse mesurait...
5 La plus grande tarte aux pommes mesurait...

... 10 mètres de long, cinq mètres de large et 73 centimètres d'épaisseur.
... 12, 33 mètres de diamètre.
... 2,2 tonnes.
... 21 kilomètres de long.
... 80 000 œufs et 200 kilos de beurre.

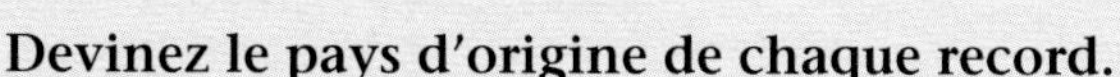

Devinez le pays d'origine de chaque record.

a Espagne b France c Afrique du Sud
d Grande-Bretagne e Canada

Ecoutez les bonnes réponses. Vous aviez bien deviné?

3 Identifiez le panier du client

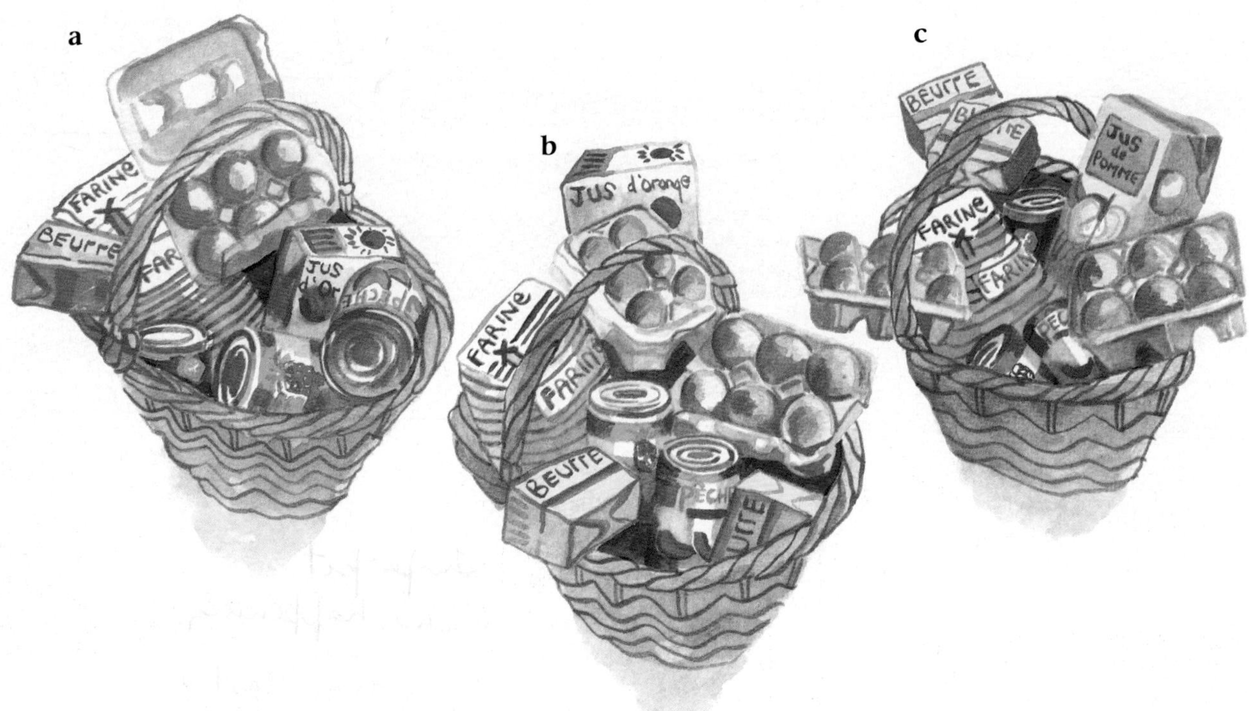

4 Vous allez faire les courses

Qu'est-ce qu'il faut acheter? Ecoutez et écrivez une liste.

5 On parle des aliments

Ecoutez et résumez ce qu'il aime.

Vous avez l'intention de préparer ce repas pendant son séjour. Est-ce une bonne idée?

6 Vous allez faire des courses

Voici votre liste. Dans quels magasins allez-vous? (Ecrivez 1, 2, etc).

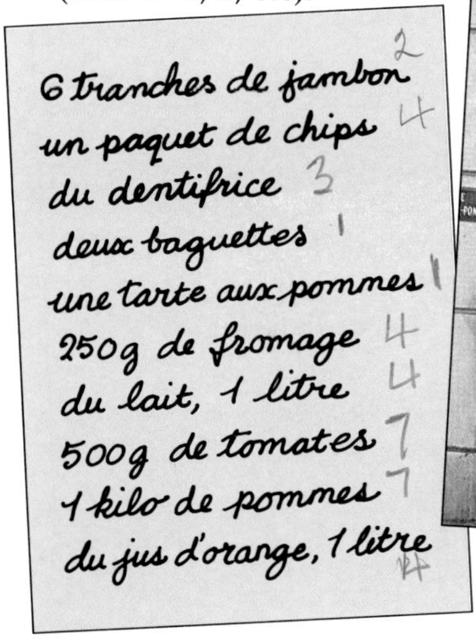

6 tranches de jambon
un paquet de chips
du dentifrice
deux baguettes
une tarte aux pommes
250g de fromage
du lait, 1 litre
500g de tomates
1 kilo de pommes
du jus d'orange, 1 litre

1

2

3

4

5

6

7

7 Lisez ce dialogue

Changez-le pour acheter les autres aliments de votre liste.

– Bonjour.
– Bonjour, madame. Je voudrais six tranches de jambon, s'il vous plaît.
– Lequel voulez-vous? Ce jambon-ci ou celui-là?
– Euh… celui-ci.
– D'accord. Six tranches, vous avez dit?
– Oui, six tranches.
– Voilà. C'est tout?
– Oui, c'est tout.

8 Une journée au lycée

Regardez votre agenda et lisez le texte. Qu'est-ce que vous allez manger ce jour-là?

Est-ce que vous aimez ce menu?

3 MONDAY

4 TUESDAY

going to school with Philippe

5 WEDNESDAY

Le menu dans les écoles:

Lundi, 3:	salade de tomates, hachis parmentier, haricots verts, yaourt.
Mardi, 4:	salade aux deux fromages, filet de porc, carottes et pommes de terre; compote de pommes.
Jeudi, 6:	œuf mayonnaise; bœuf bourguignon, champignons et légumes, crème caramel.
Vendredi, 7:	crêpe au fromage; poisson pané, sauce provençale, riz; gaufre au sucre.

9 Répondez aux questions

1 Est-ce que tu déjeunes au lycée?
2 Est-ce bon?
3 Qu'est-ce que tu aimes manger?
4 Chez nous, on dit souvent qu'on ne mange pas bien dans ton pays. Est-ce vrai?

10 Lisez le texte

équilibré

Les frites, les pâtes, les chips : on adore ! Mais pour notre organisme, ce n'est pas idéal. Il lui faut des plats variés : les légumes verts, la viande, le poisson, ou les fruits, car il a besoin de glucides, de lipides et de protéines (voir page précédente).

Pour lui donner tout cela, il faut manger "équilibré" : un légume à chaque repas (crudité en entrée ou légume cuit), un peu de graisse (l'huile de la vinaigrette ou le beurre sur les pommes de terre) et du sucre (dans les fruits ou les yaourts). Sans oublier les desserts à base de lait pour le calcium.

pour le plaisir !

Manger varié, c'est bien. Mais de temps en temps, on peut s'offrir un repas déséquilibré, juste pour le plaisir.

Vous avez envie d'un bon hamburger-frites et d'un coca ? Pas de problème pour l'organisme, à condition de ne pas en abuser. Le hamburger-frites est très riche en graisses et en sucres. Si vous aimez, offrez-vous ce plaisir sans hésiter. Dès le lendemain, mangez une bonne viande et des légumes, et buvez de l'eau pour rétablir l'équilibre.

En résumé : rien n'est interdit, il faut seulement alterner les petits plats.■

Gare au régime !

Si vous vous sentez "mal dans votre peau" à cause de quelques kilos en trop, ne commencez jamais un régime sans prendre l'avis d'un médecin.

À votre âge, le poids n'est pas stable. Patientez. Tout se mettra bientôt en place.

En attendant, faites la chasse aux graisses : éliminez les chips ou les sauces au beurre, évitez les pains au chocolat au goûter (ils contiennent des sucres et des graisses et la combinaison des deux fait particulièrement grossir !).

Perdez aussi l'habitude de grignoter entre les repas, et n'abusez pas des boissons sucrées.

Facile non ?

In the meantime
get rid of

It is a good idea to organise your notes. For example, when reading this article, you could write two lists: repas équilibré; repas déséquilibré. Under each heading, summarise the advice given.

Résumez les conseils.

11 Inventez un menu pour votre collège

Ecrivez un menu équilibré pour chaque jour de la semaine.

12 Trois amis français vous invitent à sortir

Vous allez dîner ensemble dans un restaurant. Lisez leurs préférences et les annonces.

Moi, j'aime la cuisine italienne… et j'aime aussi aller dans un bon restaurant traditionnel.

Moi aussi, j'aime bien aller au restaurant. J'adore la cuisine traditionnelle… mais malheureusement, je ne supporte pas les fruits de mer.

Ben… moi, je préfère la cuisine traditionelle ou bien les grillades.

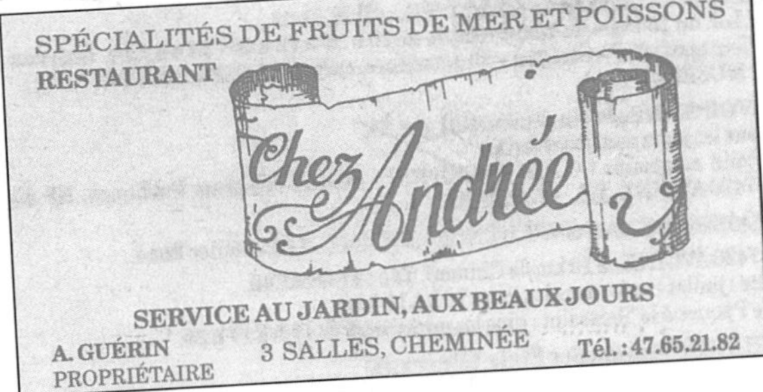

- Quel restaurant choisissez-vous?
- Pourquoi choisissez-vous ce restaurant?

13 Lisez le menu

Que choisissez-vous? Préparez un dialogue. Voici les questions du serveur:

- Vous avez choisi?
- Et ensuite?
- Et comme légumes?
- Et comme boisson?
- Et qu'est-ce que vous prenez comme dessert?

MENU

Les entrées
Salade de tomates
Hors-d'œuvre variés
Crudités
Moules marinières
Potage du jour

Les viandes et les poissons
Steak au poivre
Truite grillée
Poulet rôti
Côtelettes d'agneau

Les légumes
Courgettes niçoises
Ratatouille
Pommes allumettes
Haricots verts

Les desserts
Crêpes
Glaces variées
Crème caramel
Fruit

Les boissons
Vins
Bière
Cidre
Eau minérale

14 Ecrivez une lettre à votre ami français

Dites-lui ce que vous avez mangé et donnez votre opinion du repas.

Un peu d'entraînement

1 Ce, cet, cette, ces

Complétez les phrases.

1 Je voudrais ...... paquet de chips.
2 C'est combien, ... ananas?
3 Je voudrais aussi ...... bouteille d'eau minérale.
4 Ils coûtent combien, ... biscuits?
5 Et ...... pommes, elles sont combien, le kilo?

Demandez le prix de ces articles.
Exemple:
Ce pull coûte combien?

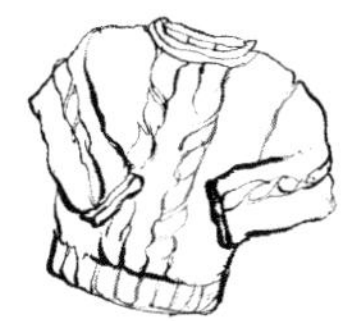

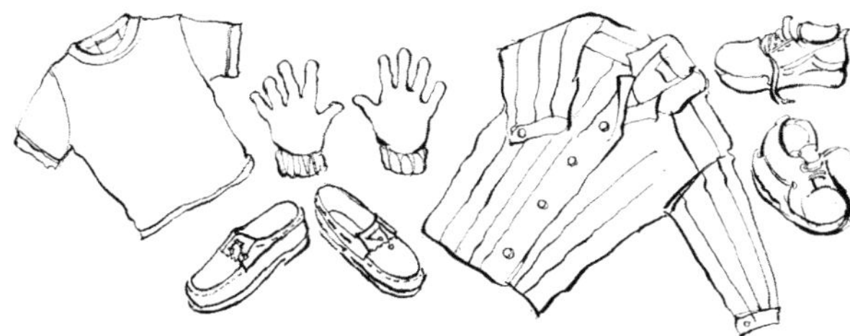

2 Celui-ci, celui-là

Faites votre choix! Répondez aux questions.
Exemples:
Quel tee-shirt préfères-tu, a ou b?
Je préfère celui-ci. J'aime bien le bleu.

a b

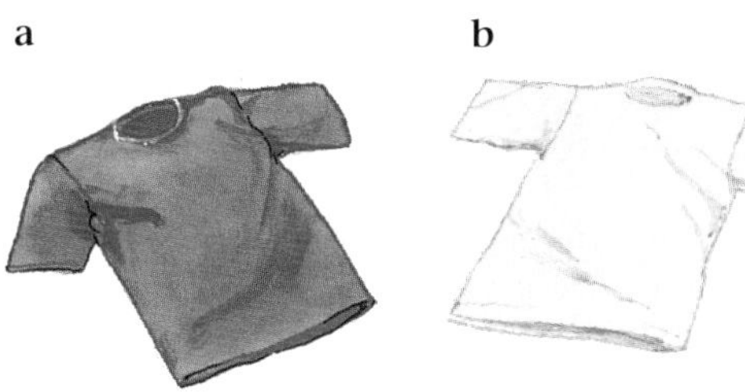

Quelle chemise préfères-tu, a ou b?
Je préfère celle-là. J'aime bien les chemises en coton.

a b

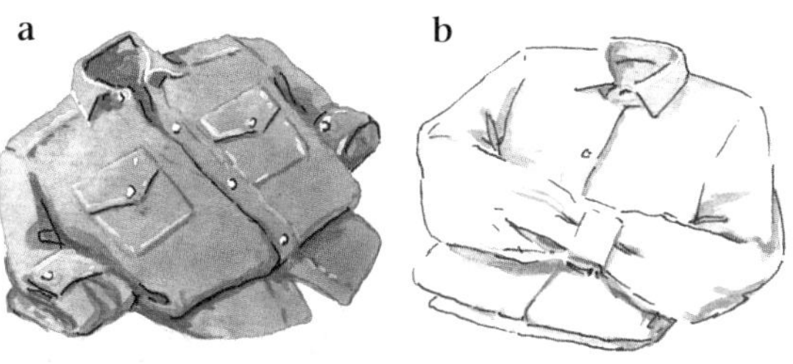

1 Quel pull préfères-tu, a ou b?

a 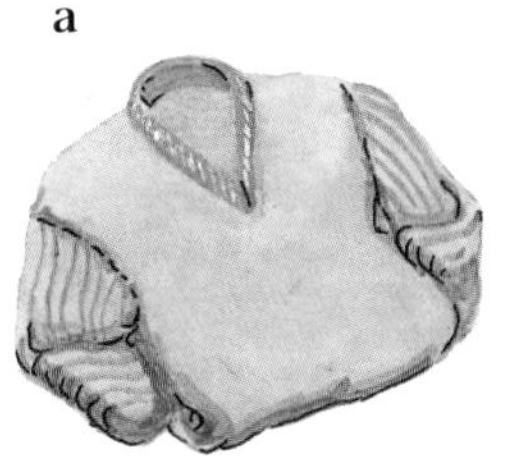

b 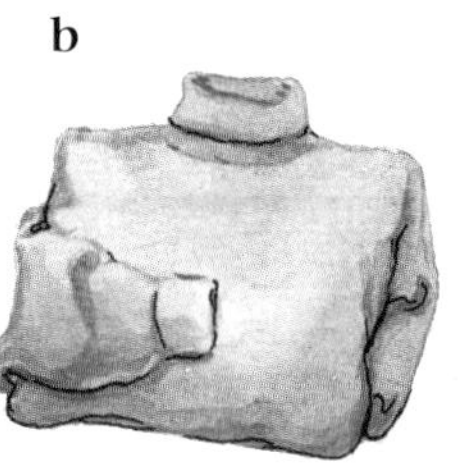

2 Quels gants préfères-tu, a ou b?

a 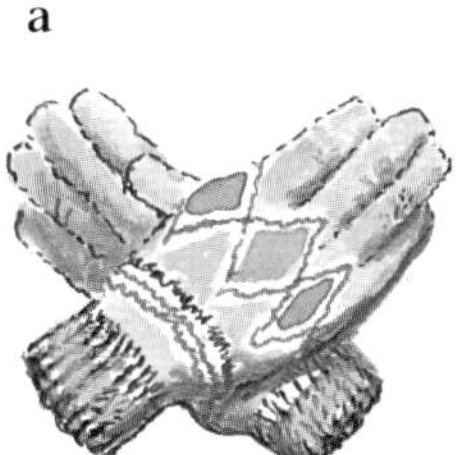

b 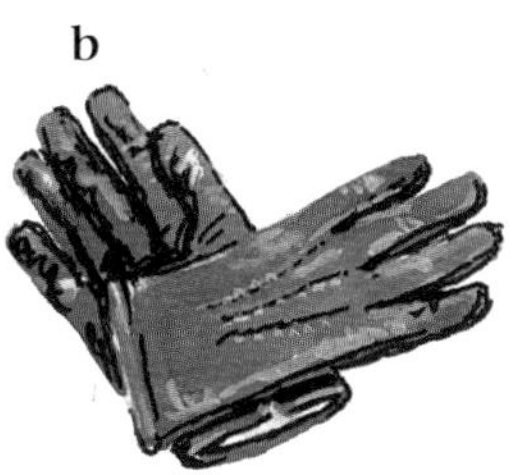

3 Quelles chaussures préfères-tu, a ou b?

a 

b 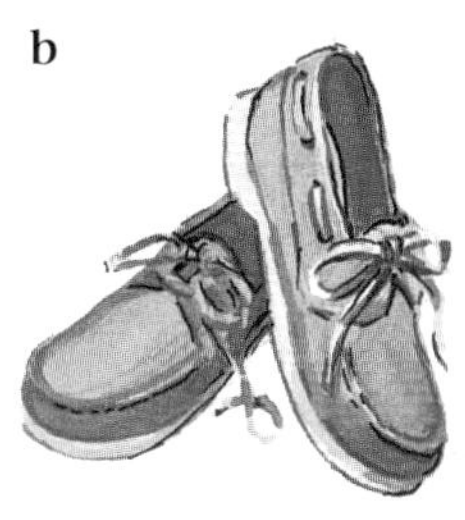

4 Quelle veste préfères-tu, a ou b?

a 

b 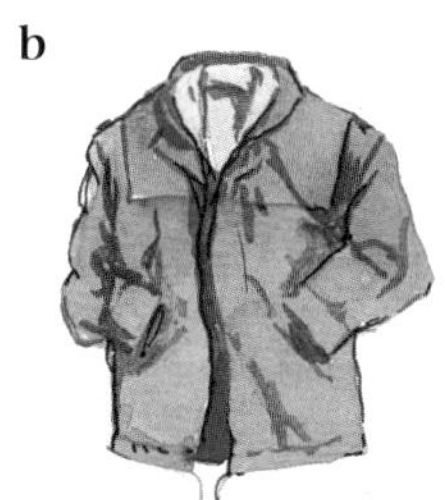

Vocabulaire

Les repas	***Meals***
le déjeuner	*lunch*
le dessert	*pudding*
le dîner	*dinner*
le fromage	*cheese*
les hors-d'oeuvre	*hors-d'œuvre*
le petit-déjeuner	*breakfast*

Les viandes	***Meat***
l'agneau *m*	*lamb*
le bifteck	*steak*
le bœuf	*beef*
la grillade	*grilled meats*
le hachis	*minced meat*
le jambon	*ham*
le porc	*pork*
le poulet	*chicken*
le rôti	*roast joint*
le saucisson	*salami*
le veau	*veal*
à point	*medium*
bien cuit	*well done*
saignant	*rare*

Le poisson	***Fish***
l'anchois *m*	*anchovy*
la crevette	*prawn*
les fruits de mer	*seafood*
l'huître *f*	*oyster*
la moule	*mussel*
le saumon	*salmon*
le thon	*tuna*
la truite	*trout*

Les œufs	***Eggs***
l'omelette *f* (nature)	*(plain) omelette*

Les légumes	***Vegetables***
l'artichaut *m*	*artichoke*
la carotte	*carrot*
le céleri	*celery*
le champignon	*mushroom*
le chou	*cabbage*
le chou-fleur	*cauliflower*
le concombre	*cucumber*
la courgette	*courgette*
les épinards	*spinach*
les frites	*chips*
le haricot (vert)	*(green) bean*
le maïs	*sweetcorn*
l'oignon *m*	*onion*
les petits pois	*peas*
la pomme de terre	*potato*
le radis	*radish*
le riz	*rice*
la salade	*salad/lettuce*
la tomate	*tomato*

Le pain	***Bread***
la baguette	*baguette/French stick*
les céréales	*cereals*
la crêpe	*pancake*
le croissant	*croissant*
le pain (complet)	*(wholemeal) bread*
les pâtes	*pasta*

Les fruits	***Fruit***
l'abricot *m*	*apricot*
l'ananas *m*	*pineapple*
la banane	*banana*
le cassis	*blackcurrant*
la cerise	*cherry*
le citron	*lemon*
la framboise	*raspberry*
la fraise	*strawberry*
le melon	*melon*
l'orange *f*	*orange*
la poire	*pear*
la pomme	*apple*
le raisin	*grape*

Les desserts	***Desserts***
la crème caramel	*creme caramel*
la glace (à la vanille, *etc*)	*(vanilla, etc) ice cream*
la tarte (aux pommes, *etc*)	*(apple, etc) tart*
le yaourt	*yoghurt*

Au restaurant	***At the restaurant***
l'addition *f*	*bill*
la carte	*menu*
le garçon/serveur	*waiter*
le menu (à prix fixe)	*(fixed price) menu*
le plat à emporter	*take away dish*
le pourboire	*tip*
la serveuse	*waitress*
le service	*service*
la spécialité	*speciality*
Vous avez choisi?	*Have you chosen?*
Je prends des crudités.	*I'll have the mixed raw vegetables .*
Comme viande, je prends du poulet rôti.	*For the meat course, I'll have roast chicken.*
Je suis végétarien(ne)	*I'm vegetarian.*
C'est/c'était délicieux.	*It is/was delicious.*

L'avenir 12

Entraînez-vous à:
- parler de ce que vous voulez faire dans la vie

1 Ecoutez la cassette et regardez les dessins

Il y a un métier qui n'est pas mentionné. Lequel?

2 Regardez les dessins encore encore une fois (voir 1)

Quel métier proposez-vous aux jeunes ci-dessous?

Moi, j'aime la technologie.

Je suis créative. Je suis bonne en dessin et je voudrais travailler avec le public.

Je suis forte en physique et en chimie. Je voudrais travailler avec des machines.

3 On parle de l'avenir

Il y a dix ans, ces jeunes Français ont parlé de l'avenir.
Lisez ce qu'ils ont dit.
Il y a quelqu'un qui avait la même ambition que vous?

Elise

Je voudrais bien être médecin et travailler dans un grand hôpital, peut-être à Paris.

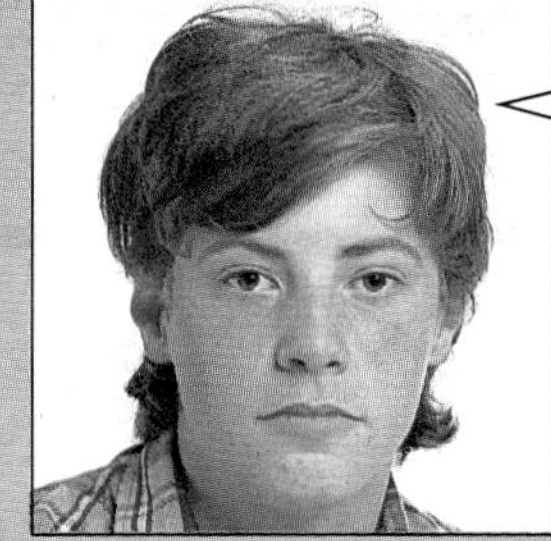

J'espère être ingénieur. Je travaillerai pour une grande entreprise.

Philippe

Sophie

Je voudrais être secrétaire bilingue car je suis bonne en langues étrangères.

Puis écoutez la cassette. Ils parlent de ce qu'ils font actuellement.

- Que font-ils?
- Où travaillent-ils?
- Est-ce qu'ils ont tous réalisé leur ambition?

4 Un vétérinaire parle de son métier

Notez ce qu'il dit sur les aptitudes et les qualités nécessaires pour être véterinaire.

5 Lisez cette lettre

A votre avis, les conseils sont bons?

J'ai une envie qui ne me lâche pas depuis deux ans : devenir actrice, comédienne...
J'adore le monde du cinéma, et le cinéma, c'est un rêve...

Flore, Poitiers (86)

☞ Flore, tu peux commencer par t'inscrire dans un groupe de théâtre amateur, dans ton collège ou au conservatoire de ta ville. Tu y apprendras à jouer la comédie.

6 Lisez ces descriptions

Recopiez le nom du métier qui convient

a L'opérateur-caméraman...
b Le metteur en scène...
c La scripte...
d Le machiniste...
e Le perchman...

1 Rapide, toujours disponible, il porte le matériel, l'installe...
2 Elle note tout ce qui se passe sur le plateau pour que les "raccords" entre les scènes soient parfaits.
3 Il s'occupe du fonctionnement de la caméra.
4 C'est le personnage central du tournage. Il commande tout: les acteurs, le son, l'éclairage...
5 Il tient le micro fixé au bout d'une perche. Il suit les indications de l'ingénieur du son.

7 Lisez cet article

Ingénieur du son

il crée la bande-son d'un film

Jean-Marie Floquet a 29 ans. Il est ingénieur du son. Depuis six ans, il travaille à Paris avec le cinéaste Claude Lelouch. Jean-Marie ne participe pas au tournage. Il reste en studio et s'occupe de la bande-son des films.

Quand on franchit la porte des "Films 13", la société de production de Claude Lelouch, on entre dans le monde du cinéma.

Jean-Marie Floquet, lui, travaille au deuxième sous-sol, loin du bruit. C'est là qu'il réalise la bande-son des Misérables du 20e siècle, le prochain film du réalisateur: *"Mon rôle est de trouver tous les sons qui vont composer la bande-son des films. J'utilise donc les sons directs du tournage, c'est-à-dire les voix des acteurs, enregistrées sur le plateau par un autre ingénieur du son. Mais j'ai aussi besoin de sons complémentaires, comme le chant d'un oiseau, le tintement d'une clochette ou le tic-tac d'une pendule. Ces sons sont déjà enregistrés et stockés dans la "sonothèque".*

Parfois, le réalisateur me demande d'autres sons. Par exemple, le bruit d'une mobylette ou d'une voiture particulière. Je dois rechercher le véhicule et l'enregistrer dans un endroit calme."

Jean-Marie enregistre aussi les musiciens qui jouent la musique du film. Il peut alors finir sa journée à deux heures du matin! Mais il est satisfait: *"J'ai la chance de travailler avec un réalisateur exigeant, qui a plein d'idées qu'il faut réaliser très vite. Et c'est ça qui est palpitant: fabriquer un nouveau son le plus rapidement possible."*

Si ça vous intéresse…

- Qualités: Il faut avoir une bonne oreille, être créatif et aimer la technique.
- Aptitudes: Etre bon en maths est un avantage pour passer les concours.
- Métier: Les ingénieurs du son travaillent dans le cinéma, la télévision, la radio, l'enregistrement de disques.

- A quel étage travaille-t-il?
- Ecrivez une liste des sons supplémentaires mentionnés dans l'article.
- Avez-vous les qualités et les aptitudes nécessaires pour être ingénieur du son?

8 Emilie a écrit la description suivante

Lisez-la. Elle a la même ambition que vous?

A vous maintenant. Ecrivez une description de ce que vous voulez faire dans la vie et de vos aptitudes et de vos qualités.

Je m'appelle Emilie. J'ai 17 ans. Je suis en 1ère. Qu'est-ce que je veux faire dans la vie? Et bien, je voudrais être journaliste. Je suis forte en informatique et en litérature et j'aime bien écrire. De temps en temps, j'écris des petits articles pour le journal scolaire. Plus tard, j'espère voyager, surtout en Afrique.

9 Lisez les extraits

Le même métier est mentionné dans les deux extraits. Trouvez-le.

1

TITO, auteur de bandes dessinées

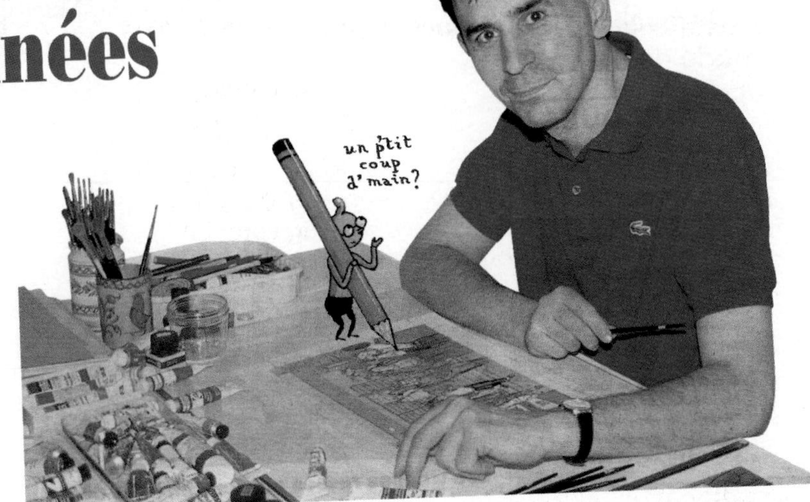

Comment devient-on auteur de bandes dessinées?

J'ai longtemps hésité entre le journalisme et le dessin. J'aimais écrire et j'aimais dessiner. J'ai choisi la bande dessinée qui me permettait d'assouvir mes deux passions.

A 17 ans, je suis entré dans une école d'arts graphiques, le lycée de Sèvres, et j'ai créé un petit journal de BD avec des copains. J'y ai publié mes premiers récits, et je les ai montrés à des dessinateurs professionnels. Ces rencontres m'ont donné le courage de persévérer.

Quand un jeune vient vous trouver parce qu'il souhaite devenir auteur de BD, que lui dites-vous?

Je lui demande d'abord s'il est sûr et certain qu'il s'agit d'une passion. Si oui, je crois qu'il faut aller jusqu'au bout de ses rêves. Si je dois absolument lui donner un conseil, je lui dis de chercher à rencontrer d'autres jeunes qui partagent sa passion. A plusieurs, on se stimule, on s'enrichit mutuellement.

2

Réagissons !

Moi, ça me choque et ça me fait mal au cœur de voir et de penser qu'il y a encore des Sans Domicile Fixe. J'ai eu l'idée de créer un journal et de le vendre afin de leur offrir de l'argent. Devenir journaliste-écrivain est mon plus beau rêve. Et quand je pense que le racisme existe encore et que la guerre est parmi nous, ça m'écœure. Si nous ne réagissons pas tout de suite, après il sera trop tard. Je vous demande de tout cœur de m'aider, mais je ne sais pas comment procéder pour réaliser mon rêve, celui de voir tout le monde heureux, même les plus défavorisés. Merci d'avance.

Nadia, 14 ans, Paris

* Sans Domicile Fixe = ceux qui n'ont pas de logement

- Si vous voulez être auteur de BD, qu'est-ce qu'on vous conseille de faire?
- Relisez le texte 2. Nadia, est-elle triste ou heureuse?

10 On va vous interviewer

Ecrivez une liste des matières que vous étudiez.

Exemple:
les maths, le français
A côté de chaque matière, indiquez ce que vous en pensez.

Exemple:
J'aime bien l'histoire-géo. C'est intéressant.

Et maintenant, vos aptitudes et vos qualités. Ecrivez deux listes.

Aptitudes:

Etes-vous fort(e) en:
- maths
- histoire-géo
- langues étrangères
- sciences
- technologie
- arts dramatiques?

Qualités:

Etes-vous:
- travailleur/euse
- créatif/ve
- solitaire
- bien organisé(e)
- méthodique
- observateur?

It is a good idea to revise key words in categories. Making lists helps you remember words which belong together or which can be used together.

11 Répondez aux questions suivantes

Parlez-moi des matières que vous étudiez au collège.

1 Quelle matières étudiez-vous?
2 Quelles matières préférez-vous?
3 Depuis combien de temps étudiez-vous ces matières?
4 Et qu'est-ce que vous aimez faire comme passe-temps?
5 Qu'est-ce que vous espérez faire plus tard?

Don't rush into answering. Think first and give yourself time to give a full answer.

12 Préparez un petit exposé

Vous allez parler de ce que vous voulez faire dans la vie.
Relisez le texte 2 pour vous aider.
Il faut dire:

- le nom du métier
- les raisons de votre choix
- ce que vous voulez faire plus tard.

Enregistrez votre exposé, si possible. Est-ce bien?

13 Lisez cette lettre d'Ahmed

Choisissez le dessin (1 ou 2) qui va bien avec la lettre.

1 2

Salut,

Merci bien pour la lettre et pour les posters. Ils sont super!

J'espère que tu vas bien. Chez moi, tout va assez bien... mais j'ai beaucoup de devoirs en ce moment parce que nous nous préparons pour les examens. Tu sais que je suis en 1ère... et on parle déjà de l'avenir.

Est-ce que tu sais déjà ce que tu veux faire dans la vie? Moi, je voudrais bien être vétérinaire. J'aime bien les animaux et j'aime aussi les sciences naturelles: la biologie, etc. Le conseiller d'orientation m'a dit qu'il faut beaucoup étudier... ça va être dur! Je passerai le Bac l'année prochaine et après ça, j'espère aller à l'université, peut-être à Paris mais je dois beaucoup travailler.

Et toi, qu'est-ce que tu vas faire? Tu vas aller à l'université? Qu'est-ce que tu vas étudier?

Eh bien, je te laisse... je dois faire mes devoirs! Ecris-moi vite.

Amitiés

Ahmed

14 Relisez la lettre

Vrai ou faux?

1 Ahmed parle de l'avenir.
2 Il veut être médecin.
3 Il espère aller à l'université.
4 Il aime les sciences naturelles et la biologie.
5 Il va passer le bac cette année.

15 Ecrivez une lettre à Ahmed

Répondez à ses questions.

Write your letter in rough first. Read it again and make any corrections necessary. Then write out your final version.

Un peu d'entraînement

1 Projets pour l'avenir

Complétez ces phrases.
Exemple:
Qu'est-ce que tu vas faire ce week-end?

1 S'il fait beau...
2 S'il fait mauvais...

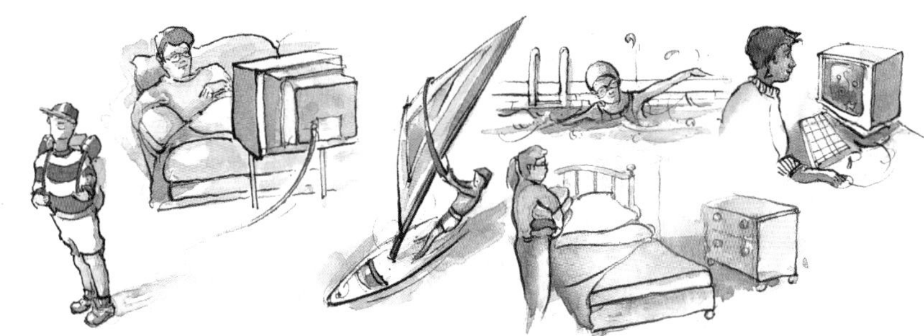

faire une promenade	regarder la télé	jouer avec l'ordinateur
aller à la piscine	ranger ma chambre	faire de la planche à voile

2 Répondez aux questions

Exemple:
Qu'est-ce que vous allez faire ce week-end?
Je vais aller au cinéma.

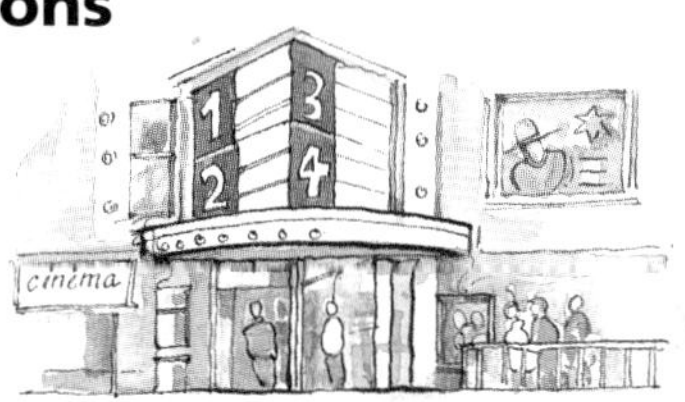

1 Est-ce que vous allez partir en vacances?

2 Est-ce que vous allez travailler?

3 Qu'est-ce que vous allez faire?

4 Et l'année prochaine, qu'est-ce que vous allez faire?

5 Est-ce que vous allez prendre de bonnes résolutions?

3 Des conseils

Savez-vous donner des conseils pratiques? Que proposez-vous à vos amis français? Vous pouvez commencer:
Tu devrais...

1 Je voudrais prendre le train pour aller à Paris, mais ça coûte cher.
2 Moi, j'aime bien l'athlétisme mais on n'en fait pas beaucoup au collège.
3 Je n'ai pas d'argent. Mes parents ne me donnent pas d'argent de poche.
4 Moi, je suis amateur de théâtre et de cinéma. Mais ça n'intéresse pas mes copains.
5 Je voudrais bien aller en Angleterre mais je ne connais pas d'Anglais.

t'inscrire dans un club d'athlétisme	acheter une carte carrissimo	trouver un correspondant anglais	faire de petits boulots	t'inscrire dans un groupe de théâtre

Vocabulaire

L'avenir	***The future***
l'administration *f*	*administration/management*
l'ambition *f*	*ambition*
l'apprenti *m*	*apprentice*
l'apprentissage *m*	*apprenticeship*
l'aptitude *f*	*aptitude/ability*
les arts dramatiques	*dramatic art*
l'avenir *m*	*future*
le boulot *m*	*work* (familiar)
le brevet (de technicien)	*(technical) certificate*
le caractère	*character*
le certificat	*certificate*
le concours	*competition*
le conseil	*advice*
le conseiller/la conseillère d'orientation	*careers adviser*
le curriculum vitae	*curriculum vitae (CV)*
le dessinateur/la dessinatrice	*drawer/cartoonist*
le diplôme	*diploma*
l'éducation *f*	*education*
l'emploi *m*	*job/work*
l'enseignement supérieur	*higher education*
l'entreprise *f*	*business*
les études	*studies*
l'examen *m*	*exam*
la formation	*training*
l'hôpital *m*	*hospital*
l'industrie *f*	*industry*
l'intention *f*	*intention*
la langue étrangère	*foreign language*
l'opinion *f*	*opinion*
la profession	*profession*
le projet	*project/plan*
le public	*public*
la qualité	*quality*
la raison	*reason*
le stage (de formation)	*(training) course*
l'université *f*	*university*
le/la vétérinaire	*vet*
la vie	*life*
à l'avenir	*in the future*
à l'étranger	*abroad*
afin de	*in order to*
après	*after*
bien organisé	*well organised*
bilingue	*bilingual*
ça dépend	*it depends*
capable	*capable*
créatif/créative	*creative*
il faut	*one/you must*
méthodique	*methodical*
nécessaire	*necessary*
obligatoire	*compulsory*
observateur/observatrice	*observant*
peut-être	*perhaps*
plus tard	*later*
prochain	*next*
solitaire	*solitary*
surtout	*especially*
travailleur/travailleuse	*hard-working*
avoir l'intention de	*to intend to*
avoir raison	*to be right*
avoir besoin de	*to need to*
avoir tort	*to be wrong*
conseiller	*to advise*
croire	*to believe*
désirer	*to desire/wish*
devenir	*to become*
s'ennuyer	*to be bored*
espérer	*to hope*
étudier	*to study*
faire des études (de droit/médecine)	*to study (law/medecine)*
penser	*to think*
quitter l'école	*to leave school*
suivre	*to follow*
suivre une formation	*to follow a course*
travailler (dur)	*to work hard*
vivre	*to live*
voyager	*to travel*
Qu'est-ce que tu as l'intention de faire plus tard?	*What do you intend to do in the future?*
J'espère aller à l'université.	*I hope to go to university.*
J'aimerais faire des études de médecine.	*I would like to study medecine.*
A mon avis, il est important de travailler dur.	*In my opinion, it is important to work hard.*
Je voudrais suivre une formation.	*I would like to follow a course.*
Après les examens, je vais quitter l'école.	*After the exams, I am going to leave school.*
Je vais travailler dans un magasin.	*I am going to work in a shop.*

Contrôles

Contrôle 1

1 Ecoutez la cassette

1 Elise fait partie de quel club?
2 Quel jour va-t-elle au club?
3 Depuis combien de temps fait-elle ce sport?
4 Combien faut-il payer par trimestre?
5 Avec qui va-t-elle au club?
6 Qu'est-ce qu'elle aimerait faire plus tard?

2 On parle des métiers

Notez les questions de l'interviewer.

3 Réécoutez la cassette

Résumez une journée typique.

Exemple:
Elle quitte la maison à 7h 45.

4 Faites des projets

Complétez le dialogue.

– Qu'est-ce qu'on va faire cet après-midi?
–

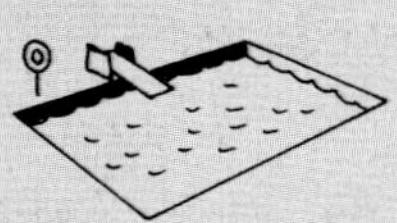

– Oui, j'aime bien ça. Où est-ce qu'on se retrouve?
–

– D'accord.
–

– Bonne idée.

5 Complétez le dialogue

– Dis, on va patiner cet après-midi. Tu viens avec nous?
– *[Il faut expliquer que ce n'est pas possible et donner la raison.]*
– Quel dommage. Alors, qu'est-ce que tu voudrais faire?
– *[Vous ne savez pas quoi faire. Demandez les informations sur les activités possibles.]*
– Ben… on pourrait aller au cinéma ou regarder une vidéo chez moi. Ou bien on pourrait inviter quelques amis chez moi, écouter de la musique. Ou, si tu veux, on pourrait aller en ville, retrouver des amis.
– *[Proposez une activité.]*
– D'accord. Tu viens chez moi à quelle heure?
– *[Répondez à la question.]*
– Bon… d'accord. A tout à l'heure!

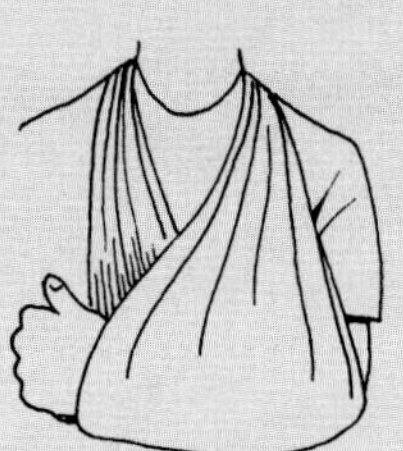

6 Parlez de vous

Répondez aux questions.

- Qu'est-ce que vous faites d'habitude le week-end?
- Est-ce que vous faites partie d'un club? Lequel?
- Quels sports est-ce que vous pratiquez au lycée?
- Vous aimez le sport?
- Quand vous sortez le soir, où aimez-vous aller?
- Qu'est-ce que vous avez fait pendant les vacances?
- Et qu'est-ce que vous allez faire ce week-end?

7 Lisez la lettre et répondez aux questions

Salut,

Je viens de recevoir ta lettre. Merci pour les photos. Elles sont super! C'est bientôt les vacances. Qu'est-ce que tu vas faire?

Moi, je vais faire un stage avec le club de foot. Je fais partie du club depuis cinq mois et je m'amuse bien. Comme tu sais déjà, je suis fanatique de sport, surtout le football. J'aime bien aller au match avec mes copains. Et toi, tu fais partie d'un club?

Je serai content de partir. Je viens de recevoir mon bulletin scolaire et j'ai une mauvaise note en sciences naturelles. Mes parents ne sont pas très contents. Ils viennent de décider d'augmenter mon argent de poche. J'espère qu'ils ne vont pas changer d'avis! J'aimerais bien travailler pour gagner un peu d'argent mais ils disent que je ferais mieux de faire mes devoirs! Est-ce que tu reçois de l'argent de poche? Ou est-ce que tu travailles pour gagner de l'argent? Avec mon argent, j'achète des magazines et des CDs. Et toi, que fais-tu?

Ecris-moi bientôt. J'aimerais bien savoir ce que tu vas faire pendant les vacances.

Amicalement

Jean-Luc

1 Trouvez l'adjectif qui décrit Jean-Luc:

sportif *créatif* *sérieux* *solitaire*

2 Vrai ou faux? Jean-Luc ne fait partie d'aucun club.
3 Vrai ou faux? Il est fort en sciences.
4 Vrai ou faux? Il travaille pour gagner de l'argent.
5 Vrai ou faux? Il ne reçoit pas d'argent de poche.

8 Ecrivez une lettre à Jean-Luc

Parlez de vos passe-temps. Répondez à toutes ses questions.

Contrôle 2

1 On fait un sondage

Ecoutez la cassette.

1 Il est en quelle classe?
2 Quelles sont ses matières préférées?
3 Quel genre de film aime-t-il regarder?
4 Qu'est-ce qu'il préfère: regarder la télé, aller au cinéma ou lire un bon livre?
5 A son avis, quelle est la cause la plus importante?

2 Les critiques

Ecoutez la cassette.

1 On fait la critique d'un livre ou d'un film?
2 C'est quel genre de film/livre?
3 Résumez ce qu'on dit sur le film/livre.
4 On vous conseille d'aller voir le film/lire le livre?

3 Vous vous sentez concerné(e)?

Lisez les textes et répondez aux questions.

1 Notez tous les problèmes mentionnés dans chaque extrait.
2 Ils proposent des solutions aussi? Notez-les.
3 Relisez l'extrait d'Emilie. Que dit-elle sur les causes de la pollution?
4 Trouvez un slogan qui va bien avec chaque extrait.

Nous, les jeunes…

Nous sommes tous français

Création, pas de destruction

Il y a un sujet qui me préoccupe et c'est la pollution. La Terre est fragile et l'homme, il est brutal! C'est lui qui invente la voiture qui pollue notre monde; c'est lui qui tue les animaux; c'est lui qui détruit les forêts et c'est lui qui pollue les rivières près des usines. Stop! Assez! Maintenant, il faut commencer à payer. Si on pollue, il faut payer une amende. Agissons!

Emilie

La vie des jeunes, ça me fait rire. Je n'ai pas le temps d'avoir une vie en dehors du collège. On travaille trop et on nous donne trop en devoirs. A mon avis, il faut avoir moins de cours dans une journée et moins de vacances. Comme ça, je pourrais avoir une vie après les cours.

Philippe

Ce que je déteste, c'est le racisme. C'est un problème qui nous concerne tous. Ce n'est pas juste de maltraiter quelqu'un à cause de sa nationalité, de la couleur de sa peau, ou de sa religion. Réagissons! Demandez au gouvernement d'aider les immigrés à s'intégrer au lieu de les expulser.

Marie-Pierre

Protégeons la Terre!

Moins de cours, plus de loisirs

4 Relisez les extraits

Il y a une cause qui vous touche? Ecrivez un paragraphe.

5 Complétez le dialogue

– *[Il faut expliquer ce que vous avez perdu]*

– Où l'avez-vous perdu?
–

– Il est comment?
– *[Décrivez-le!]*
– Qu'est-ce qu'il y a dedans?
–

– Alors, il faut remplir une feuille. Votre nom, s'il vous plaît?
– *[Répondez à la question]*

6 Parlez de vous

- Vous aimez l'école?
- Quelles sont vos matières préférées?
- Qu'est-ce que vous avez le lundi?
- Vous aimez le cinéma?
- Quel est votre acteur préféré?
- Qu'est-ce que vous préférez, regarder la télévision ou lire un livre?
- Quelle est votre émission/quel est votre livre préféré(e)?
- Décris un livre que vous avez lu/un film que vous avez vu récemment.

Pourquoi y a-t-il beaucoup de gens qui ne trouvent pas de travail? Pourquoi l'environnement est-il en danger? Si on créait des entreprises de recyclage, on pourrait donner du travail à ceux qui le cherche **et** réduire la pollution.

Laurent

Contrôle 3

1 Ecoutez la météo

Demain, vous voulez faire une randonnée à la campagne.
Quel temps fera-t-il le matin, l'après-midi et le soir?

2 On vous souhaite la bienvenue

1 Où allez-vous dormir?
2 Où se trouve la salle de bains?
3 Où est-ce qu'on prend le petit déjeuner?

3 Les vacances

Votre amie vous parle des vacances.

1 Où est-elle allée?
2 Faites une liste de ce qu'elle a fait pendant les vacances.
3 Quel temps faisait-il?
4 Est-ce qu'elle voudrait y retourner l'année prochaine?

4 Parlez de vous

- Où habites-tu?
- Décris ta maison/ton appartement.
- Comment est ta chambre? Décris-la.
- Pourrais-tu décrire ta maison idéale?
- Est-ce que tu es parti(e) en vacances l'année dernière?
- Qu'est-ce que tu as fait?
- Et cette année, vas-tu partir en vacances?

5 A l'hôtel

Complétez le dialogue.

– Bonjour, monsieur/madame
– *[Il faut demander une chambre]*

– Oui… c'est pour combien de nuits?
–

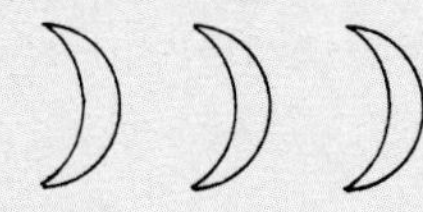

– D'accord… c'est la chambre 35. Voilà la clé.
– *[Il faut dire merci]*

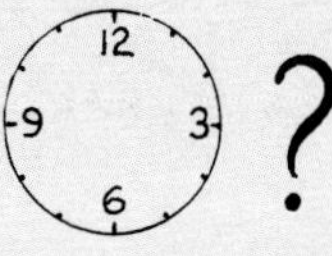

– On peut le prendre de 7h 30 à 9h 30, dans le restaurant au rez-de-chaussée.

6 Vous arrivez au camping

Complétez le dialogue.

– Bonjour, monsieur/madame.
– *[Dites "bonjour" et demandez s'il y a de la place]*

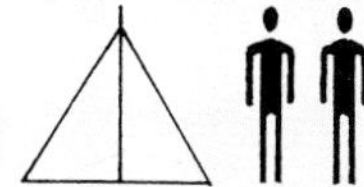

– Euh... je regrette mais nous sommes complets.
– *[Que faire? Peut-être qu'il y a un autre camping. Il faut demander]*
– Oui, il y en a un de l'autre côté du pont, près de la rivière.
– *[Vous voulez savoir si c'est tout près. Demandez!]*
– Ben... c'est à trois kilomètres d'ici.
– *[Vous êtes fatigué(e)]*

– Euh... oui, vous prenez le numéro 7, juste en face de l'entrée.
– *[Dites au revoir et merci]*

7 Lisez la lettre

Répondez aux questions de vos parents. Ils ne parlent pas français.

- Where did she go?
- Where did they stay?
- What was the accommodation like?
- Did they have a good holiday?

Amiens, le 10 octobre

Salut,
Je viens de recevoir ta carte postale. J'espère que tu as passé de bonnes vacances.

Pendant les vacances, nous sommes allés en Provence. Nous avons passé nos vacances en pleine campagne, dans un gîte. Avant de partir, je n'étais pas contente. Je préfère aller à l'hôtel, c'est confortable et on a une télévision dans la chambre. Mais notre gîte était super! J'avais une chambre à moi et il y avait aussi une cuisine, un grand salon et une salle de bains. Il y avait aussi une piscine tout près du gîte.

Il faisait beau temps et j'ai rencontré des jeunes qui habitent là, dans le village. On est sorti ensemble. On a joué au tennis, on a fait des randonnées et on a nagé. Et le soir, on a mangé dehors, et nous avons invité nos nouveaux amis à dîner avec nous. C'était chouette! Je voudrais bien aller dans un gîte l'année prochaine. Je t'enverrai des photos et j'aimerais bien recevoir des photos de tes vacances.

Ecris-moi vite. Parle-moi de tes vacances.

Je t'embrasse
Juliette

8 Ecrivez une lettre

Parlez de ce que vous avez fait pendant les vacances. Où êtes-vous allé(e)? Qu'est-ce que vous avez fait? C'était bien?

Contrôle 4

1 Au supermarché

On annonce des offres spéciales.

1 Regardez votre liste. Est-ce que les annonces vous intéressent?
2 Combien d'argent allez-vous économiser?

du shampooing
un litre de jus d'orange
du savon
des biscuits
un grand paquet de chips
de l'eau minérale

2 A la gare

Vous entendez une annonce. Notez les informations données.

3 Un métier de rêve

Ecoutez la cassette.

1 Qu'est-ce qu'il voudrait faire dans la vie?
2 Résumez les qualités et les aptitudes nécessaires.
3 Où est-ce qu'il aimerait travailler?

4 A la gare

Complétez le dialogue.

– Bonjour, monsieur/madame
–

– Voilà… c'est 265F.
–

– A midi 25, du quai numéro 7.
–

– Non, il ne faut pas changer. C'est direct.

5 Au marché

Complétez le dialogue.

– Bonjour, monsieur/madame
–

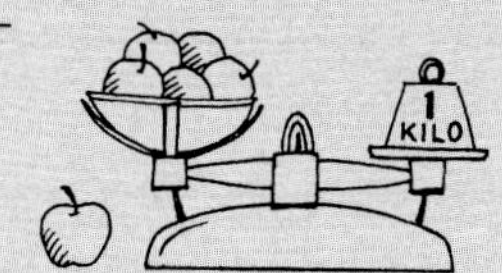

– Voilà… et avec ça?
–

– Je regrette mais nous n'avons plus de fraises ni de framboises.
– *[Choisissez un autre fruit]*
– Vous en voulez combien?
– *[Répondez à la question]*
– Très bien… voilà. C'est tout?
– *[*  *Merci]*

6 En route

Ecrivez la légende qui va bien avec chaque panneau.

- On ne peut pas rouler ici en voiture.
- Il faut prendre une autre route.
- On ne peut pas stationner ici le week-end.
- On peut stationner ici, mais il faut payer.

a 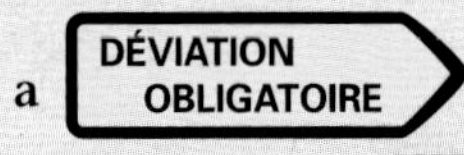

b 

c 

d
STATIONNEMENT
INTERDIT
LE SAMEDI DE 7h à 14h ET
LE DIMANCHE DE 7h 30 à 13h

7 Voici quatre restaurants

Quel est le restaurant idéal pour tous vos amis?

A

Restaurant la Sirène

21.32.79.73.
Spécialités: fruits de mer
Ouvert toute l'année
Fermé tous les dimanches soirs et tous les lundis

B

Restaurant-brasserie les Pyramides

21.85.72.96
Spécialités: viandes et poissons, grillades
Parking gratuit assuré
Il est prudent de réserver

C

Pizzeria ristorante Volpone

21.53.83.51
Spécialités italiennes
Pâtes fraîches, Pizzas, Lasagnes
Pizzas à emporter

D

Café – Hôtel – Brasserie
21.34.65.00
Menus du bord de mer
Restauration traditionnelle

Restaurant de la Mairie

8 Parlez de vous

Répondez aux questions.

- Quelles matières faites-vous au lycée?
- Quelle est votre matière préférée? Pourquoi?
- Qu'est-ce que vous allez faire après les examens?
- Est-ce que vous espérez aller à l'université? Qu'est-ce que vous allez faire?
- Qu'est-ce que vous voulez faire dans la vie?

9 Le journal scolaire

**On va publier un article sur les élèves de votre classe.
Ecrivez vos réponses aux questions posées.
Parlez-nous de vos projets.**

- Quels examens allez-vous passer?
- Qu'est-ce que vous allez faire après les examens?
- Que voulez-vous faire dans la vie?
- Pourquoi choisissez-vous ce métier?

Grammar summary

These notes are intended as a guide to the main areas of grammar that you will need for GCSE French.

1 Nouns

Examples:

Genders	le/un = *masculine* la/une = *feminine*	
Noun (singular)	le/un chien la/une maison	*the/a dog* *the/a house*
Noun (plural)	les chiens les maisons	*the dogs* *the houses*

Remember:

- Learn the gender (**le/la**) with the noun.
- **Les** is used in the plural for both masculine and feminine nouns.
- There are some rules governing plurals. In many cases, an 's' is added to the singular noun but there are exceptions, for example
  le jeu → les jeux
  l'animal → les animaux

It is best to learn each one as you learn the noun itself.

- When speaking about peoples' jobs you omit the article, for example
  Mon père est professeur. *My father is a teacher.*
  Ma mère est dentiste. *My mother is a dentist.*

2 Articles

1 The Definite article

masculine singular	le
feminine singular	la
masculine and feminine plural	les

Remember:

- **Le** and **la** become **l'** in front of singular nouns beginning with a vowel or silent 'h', for example
  l'hôtel *hotel*
  l'école *school*

2 The Indefinite article

masculine	un
feminine	une

3 The Partitive article

masculine singular	du (du pain)
feminine singular	de la (de la confiture)
before a vowel	de l' (de l'eau)
plural	des (des oranges)

Remember:

- After a negative, you use **de/d'**, for example
  Je n'ai pas de frères. *I haven't any brothers.*
  Il n'y a plus de fraises. *There are no strawberries left.*
- After expressions of quantity, you use **de/d'**, for example
  Je voudrais un kilo de pommes. *I would like a kilo of apples.*
  Et aussi un paquet de biscuits. *And a packet of biscuits, too.*
- When an adjective precedes a noun, you usually use **de/d'**, for example
  On m'a offert de jolies fleurs. *They gave me some lovely flowers.*

3 Pronouns

1 Subject and object pronouns

Examples:

	Subject pronouns	*Direct object pronouns*	*Indirect object pronouns*
I/me	je	me	me
you (informal singular)	tu	te	te
he/she/it	il/elle	le/la/l'	lui
we	nous	nous	nous
you (polite singular and plural	vous	vous	vous
they/them	ils/elles	les	leur

Remember:

- In French, **on** is also used, for example
  On va au cinéma? *Shall we go to the cinema?*

In English **on** can mean *one*, *you*, *they* or *we*, depending on the context.

2 *En* and *y*

En means *of it, of them, some* or *any*.
Examples:

J'en ai mangé beaucoup.	*I ate a lot of it.*
Tu en veux?	*Do you want some (of it)?*
Il n'y en a plus.	*There are no more of them left.*

Y means **there**.
Example:

Au lycée? J'y vais à pied	*To school? I go there on foot.*

3 Order of pronouns in a sentence

Examples:

me te nous vous	le la les	lui leur	y en

Il **me l'a dit**.	*He told me it.*
Je **le lui** ai donné.	*I gave it to him.*

See also:

- Reflexive verbs – section 11:2d
- Demonstrative pronouns – section 9
- Relative pronouns – section 10
- Possessive pronouns – section 7

4 Adjectives

Adjectives change their ending to agree with the person, place or thing being described.

1 Regular adjectives

The most common pattern is:
+ **e** (fem sing)
+ **s** (masc plural)
+ **es** (fem plural)

masculine singular	*feminine singular*	*masculine plural*	*feminine plural*
grand	grande	grands	grandes
petit	petite	petits	petites
intéressant	intéressante	intéressants	intéressantes
fort	forte	forts	fortes
Adjectives which end in **-er**			
premier	première	premiers	premières
cher	chère	chers	chères
Adjectives which end in **-x**			
délicieux	délicieuse	délicieux	délicieuses

Remember:

- Adjectives which end in **-e**, are the same for both masculine and feminine, for example
  un appartement moderne — *a modern flat*
  une maison moderne — *a modern house*
- Adjectives which end in **-s** or **-x** do not change in the masculine plural form, for example
  Il est anglais. — *He is English.*
  Ils sont anglais. — *They are English.*
- Some adjectives double the last letter before adding an **-e**, for example
  Il est canadien. — *He is Canadian.*
  Elle est canadienne. — *She is Canadian.*
  Il est gentil. — *He is nice.*
  Elle est gentille. — *She is nice.*
- Most adjectives follow the noun they are describing, for example
  J'ai les cheveux noirs. — *I have black hair.*
- But some common adjectives precede the noun, for example
  J'habite une grande maison. — *I live in a big house.*
  Voici mon petit frère. — *Here is my little brother.*

2 Irregular adjectives

Many common adjectives are irregular and have to be learnt separately. Below is a list of some common ones.

masculine singular	*feminine singular*	*masculine plural*	*feminine plural*
blanc	blanche	blancs	blanches
vieux	vieille	vieux	vieilles
beau	belle	beaux	belles
long	longue	longs	longues
nouveau	nouvelle	nouveaux	nouvelles

Remember:

- Some of the above irregular adjectives have a different masculine ending which is used before a noun beginning with a vowel or a silent 'h', for example
  un nouvel appartement — *a new flat*
  un vieil homme — *an old man*

3 Making comparisons

To compare one person or thing with another you use **plus** (more), **moins** (less) or **aussi** (as) before the adjective.

Examples:

Il est plus grand que Marc.	*He is taller than Marc.*
Elle est moins sportive que toi.	*She is less sporty than you.*
Je suis aussi intelligent que toi.	*I am as intelligent as you.*

Remember:

- There are two special forms you need to learn:
  bon *good* — **meilleur** *better*
  mauvais *bad* — **pire** *worse*

Ce pain est meilleur que l'autre.	*This bread is better than the other.*
Cette eau est meilleure que l'autre.	*This water is better than the other.*
Ce livre est pire que l'autre.	*This book is worse than the other one.*

4 The Superlative

To say that something is the best, fastest, longest, greatest, etc. you use the superlative.

Edimbourg est la plus belle ville du monde.	*Edinburgh is the most beautiful city in the world.*
La Loire est le plus long fleuve de France.	*The Loire is the longest river in France.*
Ce pull était le moins cher.	*This sweater was the cheapest.*
C'est le meilleur restaurant.	*This is the best restaurant.*

Remember:

- You use **le**, **la** or **les** and the correct form of the adjective, depending on whether the noun is masculine, feminine or plural.
- If the adjective normally follows the noun, the superlative also follows the noun. If the adjective normally precedes the noun, the superlative does too, for example

le plus petit restaurant	*the smallest restaurant*
le restaurant le plus important	*the most important restaurant*

5 *Très, assez, trop* + adjective

Examples:

Je suis très fatigué.	*I am very tired.*
C'est assez intéressant.	*It is quite interesting.*
Vous êtes trop gentil.	*You're too kind.*

5 Demonstrative adjectives

masculine singular	*feminine singular*	*plural*
ce	cette	ces
ce pull-over	cette chemise	ces chaussures

Remember:

- Before masculine singular nouns beginning with a vowel, you use *cet,* for example
  cet imperméable — *this raincoat*
- To distinguish 'this' from 'that' you use:
  ce pull-over-ci ou ce pull-over-là — *this pullover or that pullover*

6 Possessive adjectives

	masculine singular	*feminine singular*	*plural*
my	mon (mon frère)	ma (ma sœur)	mes (mes parents)
your	ton	ta	tes
his/her	son	sa	ses
our	notre	notre	nos
your	votre	votre	vos
their	leur	leur	leurs

Remember:

- The possessive adjective agrees with the thing/person 'possessed'. This is particularly important to remember with the use of **son/sa/ses**, for example

Il sort avec son père.	*He goes out with his father.*
Il a téléphoné à sa mère.	*He telephoned his mother.*
Il parlait de ses parents.	*He spoke of his parents.*

- Before feminine nouns beginning with a vowel you use **mon**, **ton** or **son**, for example

Mon amie, Catherine	*My friend Catherine*
Quelle est ton émission préférée?	*What's your favourite programme?*

7 Possessive pronouns

	singular masculine	*feminine*	*plural masculine*	*feminine*
mine	le mien	la mienne	les miens	les miennes
yours	le tien	la tienne	les tiens	les tiennes
his/hers	le sien	la sienne	les siens	les siennes
	singular		*plural*	
ours	le nôtre	la nôtre	les nôtres	
yours	le vôtre	la vôtre	les vôtres	
theirs	le leur	la leur	les leurs	

Remember:

- Both parts of the possessive pronoun agree with the noun which they replace, for example

(mon livre)	C'est le mien
(ma voiture)	C'est la mienne
(mes disques)	Ce sont les miens

8 Prepositions

A preposition is often used for saying wheresomeone or something is.

1 *à* meaning *to* or *at*

masculine singular	*feminine singular*	*before a vowel*	*plural*
au (Je vais au parc)	à la (On va à la piscine)	à l' (Il est arrivé à l'hôtel)	aux (Tu vas aux toilettes?)

2 *de* meaning *of* or *from*

masculine singular	*feminine singular*	*before a vowel*	*plural*
du	de la	de l'	des

3 Prepositions which are followed by *de*

Some prepositions are followed by **de**, for example

en face de

Il y a un parc en face du lycée.	*There is a park opposite the school.*

à côté de

La piscine se trouve à côté de la bibliothèque.	*The swimming pool is next to the library.*

près de

J'habite près de l'hôtel de ville.	*I live near the town hall.*

4 Prepositions with countries and towns

à is used with the names of towns, for example

à Paris	*in Paris*
à Londres	*in London*

en is used with the names of countries which are feminine, for example

en France	*in France*
en Angleterre	*in England*

au is used with the names of countries which are masculine, for example

au Canada	*in Canada*

aux is used with plural names, for example

aux Etats-Unis	*in the United States*

5 En

En is often used with names of countries and regions (see 4 above). It is also used with most means of transport, for example

en avion	*by plane*
en voiture	*by car*
en autobus	*by bus*

9 Demonstrative pronouns

Celui-ci and **celui-là**, etc are demonstrative pronouns meaning *this one* and *that one* respectively.

masculine singular	*feminine singular*	*masculine plural*	*feminine plural*
celui-ci *this one*	celle-ci *this one*	ceux-ci *these*	celles-ci *those*
celui-là *that one*	celle-là *that one*	ceux-là *these*	celles-là *those*

Remember:

- Demonstrative pronouns agree with the noun they replace, for example

Quel pull?	Celui-ci.	*Which sweater?*	*This one.*
Quelle chemise?	Celle-ci.	*Which shirt?*	*This one.*
Quel gants?	Ceux-ci.	*Which gloves?*	*These ones.*
Quelles chaussures?	Celles-ci.	*Which shoes?*	*These ones.*

10 Relative pronouns

The relative pronouns **qui** and **que** mean *who, whom, which, that*. They are used to refer to people and things

Examples:

C'est mon frère qui a téléphoné à Marie.	*It was my brother who phoned Marie.*
Il y a un bus qui va au stade?	*Is there a bus which goes to the stadium?*
J'ai lu le livre que tu m'as acheté.	*I have read the book that you bought me.*
C'est le garçon que j'ai rencontré en vacances.	*It's the boy whom I met on holiday.*

Remember:

- **qui** is the subject of the verb in the relative clause, for example

Le garçon qui joue au tennis.	*The boy who plays tennis.*

- **que** is the direct object of the verb in the relative clause, for example

C'est mon frère que tu connais.	*It is my brother whom you know.*

Dont means *whose, of which*. Like qui and que, it is used for people and things, for example

Mon ami dont le père travaille chez Air France.	*My friend whose father works for Air France.*
L'église dont tu vois l'horloge.	*The church whose clock you see.*

11 Verbs

The tense of the verb tells you when the action took place.

Examples:

Je joue au tennis.	(present tense)	*I play/am playing tennis.*
Je jouerai au tennis.	(future tense)	*I shall play tennis.*
J'ai joué au tennis.	(perfect tense)	*I (have) played tennis .*

1 The Infinitive

If you look for a verb in a vocabulary list or glossary, it will be given in the form called the infinitive.

Examples:

regarder	*to watch*
faire	*to do, make*
finir	*to finish*

There are three main groups of verbs in French:

- verbs which end in **-er** in the infinitive (eg **regarder**)
- verbs which end in **-re** in the infinitive (eg **attendre**)
- verbs which end in **-ir** in the infinitive (eg **finir**)

a Verbs + à + infinitive

Some verbs are followed by **à** + the infinitive of a second verb, for example

(apprendre à)	J'apprends à nager.	*I'm learning to swim.*

(commencer à)	J'ai commencé à faire mes devoirs.	*I've started to do my homework.*
(demander à)	Il a demandé à sortir.	*He asked to go out.*

b Verbs + de + *infinitive*

Some verbs are followed by **de** + the infinitive of a second verb, for example

(décider de)	On a décidé de partir.	*We decided to leave.*
(refuser de)	Ils ont refusé de partir.	*They refused to leave.*
(oublier de)	J'ai oublié de faire mes devoirs.	*I forgot to do my homework.*

2 The Present tense

The present tense describes what someone is doing at the moment or does habitually.

a Regular verbs

The usual pattern of each of the three main groups of verbs is as follows:

regarder (to watch)	*attendre (to wait)*	*finir (to finish)*
je regarde	j'attends	je finis
tu regardes	tu attends	tu finis
il regarde	il attend	il finit
elle regarde	elle attend	elle finit
on regarde	on attend	on finit
nous regardons	nous attendons	nous finissons
vous regardez	vous attendez	vous finissez
ils regardent	ils attendent	ils finissent
elles regardent	elles attendent	elles finissent

Verbs which follow this pattern are called regular verbs.

b Irregular verbs

Verbs which do not follow the above patterns are called irregular verbs.

A list of the common irregular verbs is given on page 126. Some of the most common are shown in full below.

être (to be)	*avoir (to have)*	*aller (to go)*	*faire (to do, make)*
je suis	j'ai	je vais	je fais
tu es	tu as	tu vas	tu fais
il est	il a	il va	il fait
elle est	elle a	elle va	elle fait
on est	on a	on va	on fait
nous sommes	nous avons	nous allons	nous faisons
vous êtes	vous avez	vous allez	vous faites
ils sont	ils ont	ils vont	ils font
elles sont	elles ont	elles vont	elles font

c Modal verbs

This is the name given to a group of verbs which can be added to a sentence with another verb in the infinitive. Here are the present tense forms of four common modal verbs.

pouvoir (to be able)	*vouloir (to want)*	*devoir (to have to)*	*savoir (to know how to)*
je peux	je veux	je dois	je sais
tu peux	tu veux	tu dois	tu sais
il peut	il veut	il doit	il sait
elle peut	elle veut	elle doit	elle sait
on peut	on veut	on doit	on sait
nous pouvons	nous voulons	nous devons	nous savons
vous pouvez	vous voulez	vous devez	vous savez
ils peuvent	ils veulent	ils doivent	ils savent
elles peuvent	elles veulent	elles doivent	elles savent

Remember:

- Direct object pronouns are usually placed before the verb:
  Je **la** connais bien. — *I know her well.*
- When using two verbs, the pronoun precedes the second verb:
  Je vais **les** acheter cet après-midi. — *I will (am going to) buy them this afternoon.*

d Reflexive verbs

Reflexive verbs are used to give the idea of *myself, yourself, him/herself,* etc. You need to use an extra reflexive pronoun – **me**, **te**, etc with these verbs.

Common reflexive verbs include:

s'habiller	*to get dressed*
se lever	*to get up*
s'asseoir	*to sit down*
se laver	*to get washed*

In the present tense, the reflexive forms are as follows:

je me lave	*I wash myself*
tu te laves	*you wash yourself*
il/elle/on se lave	*he/she/one washes him/her/oneself*
nous nous lavons	*we wash ourselves*
vous vous lavez	*you wash yourself/yourselves*
ils/elles se lavent	*they wash themselves*

Remember:

- In a word list, the infinitive of a reflexive verb always has **se** in front of it.

e Imperatives

Examples:

Ecris-moi bientôt!	*Write to me soon!*
Continuez tout droit!	*Keep going straight ahead!*

Examples of the imperative for regular verbs:

(tu)	Regarde-moi!	Attends!	Viens ici!
(vous)	Regardez-moi!	Attendez!	Venez ici!

The **tu** form of the imperative:
To form the imperative singular (**tu**), you use the **je** form of the present tense, for example

J'écoute la radio	**Ecoute** la radio!
J'attends ici.	**Attends**!
Je finis mes devoirs	**Finis** tes devoirs!

There are four exceptions:

avoir	**aie**!
être	**sois**!
aller	**va**!
savoir	**sache**!

The **vous** form of the imperative:
To form the imperative singular (**vous**), you use the **vous** form of the present tense, for example

Vous sortez ce soir. **Sortez**!

Remember:

- When using the imperative the object pronouns follow the verb, for example
  Ouvre-**la**!
- When using the negative imperative the object pronouns precede the verb, for example
  Ne **le** touchez pas!

3 The Future tense

The future tense describes what someone *will do* or *is going to do*. There are two ways in French of talking about the future.

a Use of the present tense of the verb **aller** + *infinitive*

Example:
Je vais jouer au tennis. *I am going to play tennis*

b Forming the future tense

To form the future tense, you take the infinitive and add the correct ending.

regarder (to watch)	*attendre (to wait)*	*finir (to finish)*
je regarder**ai**	j'attendr**ai**	je finir**ai**
tu regarder**as**	tu attendr**as**	tu finir**as**
il regarder**a**	il attendr**a**	il finir**a**
elle regarder**a**	elle attendr**a**	elle finir**a**
on regarder**a**	on attendr**a**	on finir**a**
nous regarder**ons**	nous attendr**ons**	nous finir**ons**
vous regarder**ez**	vous attendr**ez**	vous finir**ez**
ils regarder**ont**	ils attendr**ont**	ils finir**ont**
elles regarder**ont**	elles attendr**ont**	elles finir**ont**

Example:
Je finirai mes devoirs demain. *I shall finish my homework tomorrow.*

Remember:

- Infinitives of verbs that end in -re lose the final -e before adding the future endings:
  attendre → j'attendr**ai**
- Some irregular verbs form the future stem in a different way, although the endings are always the same, for example
  être → je serai
  avoir → j'aurai
  aller → j'irai

A list of irregular verbs is shown on page 126. These should be learnt by heart.

4 The Perfect tense

The perfect tense is used to talk about events which have happened in the past.

a Choice of **avoir** *or* **être**

There are two parts of the perfect tense: the auxiliary verb, which is always part of either **avoir** or **être**; and the past participle of a verb.

Examples:

J'ai joué au tennis.	*I played tennis*
Vous avez décidé?	*Have you decided?*
Je suis allé au cinéma.	*I went to the cinema.*
Ils sont restés à la maison.	*They stayed at home.*

Remember:

- There are 13 verbs, mostly verbs of movement, that form the perfect tense with être:
  entrer/sortir
  arriver/partir
  monter/descendre
  aller/retourner
  naître/mourir
  rester/venir/tomber
- Verbs which include **venir** also form the perfect tense with **être**, for example **revenir**, **devenir**.

b Regular verbs

To make the past participle of a regular verb use the following patterns:

- -er verbs. The **-er** changes to **-é**: regarder → regardé
- -re verbs. The **-re** changes to **-u**: attendre → attendu
- -ir verbs. The **-ir** changes to **-i**: finir → fini

Examples:
Verbs with **avoir:**

Samedi soir, j'ai regardé la télévision et j'ai écouté de la musique.	*On Saturday evening I watched television and listened to music.*
Moi, j'ai fini mes devoirs.	*I have finished my homework.*
Tu as entendu les nouvelles?	*Have you heard the news?*

Verbs with **être:**

Le week-end dernier, je suis allé chez Paul.	*Last weekend I went to Paul's.*

Nous sommes sortis samedi soir.	*We went out on Saturday evening.*
Dimanche, nous sommes restés à la maison.	*On Sunday we stayed at home.*

See also:
See page 126 for some common irregular verbs that do not follow this pattern.

Remember:
- Verbs which take être: the past participle agrees with the subject of the verb. No ending is added for the masculine singular :

il est sorti	elle est sortie
il est descendu	elle est descendue
ils sont entrés	elles sont entrées

c *Reflexive verbs*

Reflexive verbs form the perfect tense with **être**. As with other verbs which form the perfect tense with **être**, the past participle agrees with the subject of the verb.

Examples:

Je me suis lavé.	*I washed myself.*
Elle s'est réveillée.	*She woke up.*

5 The Imperfect tense

You use the imperfect tense to talk about what used to happen or what something was like.

To form the imperfect tense, take the **nous** form of the verb in the present tense and remove the **-ons**. Add the endings listed below.

je jou**ais**	*I used to play*
tu jou**ais**	*you used to play*
il jou**ait**	*he used to play*
elle jou**ait**	*she used to play*
on jou**ait**	*one used to play*
nous jou**ions**	*we used to play*
vous jou**iez**	*you used to play*
ils jou**aient**	*they used to play*
elles jou**aient**	*they used to play*

Etre is an exception:

j'étais	*I was*
tu étais	*you were*
il était	*he was*
elle était	*she was*
on était	*one was*
nous étions	*we were*
vous étiez	*you were*
ils étaient	*they were*
elles étaient	*they were*

6 The Pluperfect tense

This tense is used to convey the idea of *had done* something.

Examples:

J'avais déjà vu ce film.	*I had already seen this film.*
Il était allé à Paris.	*He had been to Paris.*

The pluperfect tense is formed in the same way as the perfect tense (see 4 above) except that the imperfect forms of the auxiliary verbs avoir and être (see 5 above) are used.

j'avais fini	*I had finished*
tu avais fini	*you had finished*
il avait fini	*he had finished*
elle avait fini	*she had finished*
on avait fini	*one had finished*
nous avions fini	*we had finished*
vous aviez fini	*you had finished*
ils avaient fini	*they had finished*
elles avaient fini	*they had finished*

7 The Conditional

You use the conditional to say what you *would do, if ...*

To form the conditional, you take the same endings as the imperfect tense and add them to the future stem (see 3 above).

Example:

Si j'avais beaucoup d'argent, j'achèterais une grande maison.	*If I had a lot of money, I would buy a big house.*

Other uses of the conditional tense you need to recognise include:

Je voudrais un kilo de pommes.	*I would like a kilo of apples.*
Tu devrais aller chez le dentiste.	*You ought to go to the dentist.*
Pourriez-vous m'aider?	*Could you help me?*

8 Negatives

a Ne ... pas

To say you do not do something you use **ne ... pas**.

Je ne joue pas au tennis.	*I do not play tennis.*

Remember:
- **Ne** changes to **n'** in front of a vowel:
  Je n'aime pas le sport. — *I don't like sport.*
- In negative phrases the pronoun is placed after 'ne' and before the verb:
  Je ne **l'**aime pas. — *I don't like it.*
  Je ne **les** vois pas. — *I can't see them.*

b Ne ... plus

Ne... **plus** means *no more* or *no longer.*

Je ne vais plus au club des jeunes.	*I no longer go to youth club .*
Il n'y a plus de pain.	*There is no more bread.*

c Ne ... rien

Ne... **rien** means *nothing.*

Je n'ai rien fait d'intéressant ce week-end.	*I didn't do anything interesting this weekend.*
Il n'y a rien à manger.	*There is nothing to eat.*

d Ne ... personne

Ne... personne means *no-one* or *nobody*.

Il n'y a personne.	*There is nobody.*

e Ne ... jamais

Ne... jamais means *never*.

Je ne suis jamais allé à Paris.	*I have never been to Paris.*

f Ne ... ni ... ni

Ne... ni... ni means *neither... nor*.

Je n'ai ni frère ni sœur.	*I haven't got any brothers or sisters.*

12 Asking questions

There are several ways to form questions in French.

a Forming questions requiring a oui/non *answer*

Using intonation with the voice rising at the end of the sentence.

Tu as faim?	*You're hungry? / Are you hungry?*
Tu aimes le sport?	*You like sport? / Do you like sport?*

Use of **est-ce que...**

Est-ce que vous avez faim?	*Are you hungry?*

Changing the word order with the verb coming first.

Avez-vous faim?	*Are you hungry?*

Remember:

- Changing the word order is more formal than using intonation. It is more often used in writing.

b Question words

To form questions which require more information in the answer, use question words:

Quand?	*When?*
Pourquoi?	*Why?*
Quel?	*What?/Which?*
Qui?	*Who?*
Où?	*Where?*
Lequel?	*Which (one)?*
Combien?	*How much?*
Comment?	*How?*
Quoi?	*What?*
Qu'est-ce que?	*What?*

Examples:

Pourquoi as-tu acheté ce disque?	*Why did you buy this record?*
Comment sont tes professeurs?	*What (*lit. *how) are your teachers like?*
Où habites-tu?	*Where do you live?*
Quel temps fait-il?	*What is the weather like?*
Qu'est-ce que tu aimes faire le week-end?	*What do you like doing at the weekend?*
Lequel préfères-tu?	*Which one do you prefer?*

Remember:

- The verb and subject are usually inverted following a question word, for example

Pourquoi es-tu sorti?	*Why did you go out?*

13 Depuis

To say how long you have been doing something you use **depuis**. Note that you use the present tense.

Example:

Depuis combien de temps apprends-tu le français?	*For how long have you been learning French?*
J'apprends le français depuis cinq ans.	*I have been learning French for five years.*

14 Expressions of time

Note these common expressions of time which should be learnt.

lundi, mardi, mercredi, *etc*	*on Monday, on Tuesday, on Wednesday, etc*
le lundi, le mardi, le mercredi, *etc*	*on Mondays, on Tuesdays, on Wednesdays, etc*
le matin	*in the morning*
l'après-midi	*in the afternoon*
le soir	*in the evening*
la semaine dernière	*last week*
la semaine prochaine	*next week*
l'année dernière	*last year*
l'année prochaine	*next year*
il y a trois semaines	*three weeks ago*
il y a deux ans	*two years ago*
pendant les vacances	*during the holidays*
après les examens	*after the exams*

Table of irregular verbs

This verb table shows the most common irregular verbs. Past participles marked with * use **être**.

INFINITIVE	PRESENT	PAST PARTICIPLE	FUTURE	ENGLISH
acheter	achète -es -e achetons -ez achètent	acheté	achèterai	*to buy*
aller	vais vas va allons allez vont	allé*	irai	*to go*
appeler	appelle -es -e appelons -ez appellent	appelé	appellerai	*to call*
s'asseoir	assieds -s assied asseyons -ez -ent	assis*	assiérai	*to sit*
avoir	ai as a avons avez ont	eu	aurai	*to have*
battre	bats bats bat battons -ez -ent	battu	battrai	*to beat*
boire	bois -s -t buvons -ez boivent	bu	boirai	*to drink*
bouger	bouge -es -e bougeons -z -ent	bougé	bougerai	*to move*
conduire	conduis -s -t conduisons -ez -ent	conduit	conduirai	*to drive*
connaître	connais -s connaît connaissons -ez -ent	connu	connaîtrai	*to know*
courir	cours -s -t courons -ez -ent	couru	courrai	*to run*
couvrir	couvre -es -e couvrons -ez -ent	couvert	couvrirai	*to cover*
croire	crois -s -t croyons -ez croient	cru	croirai	*to believe*
devoir	dois -s -t devons -ez doivent	dû	devrai	*to have to*
dire	dis -s -t disons dites disent	dit	dirai	*to say*
dormir	dors -s -t dormons -ez -ent	dormi	dormirai	*to sleep*
écrire	écris -s -t écrivons -ez -ent	écrit	écrirai	*to write*
envoyer	envoie -es -e envoyons -ez envoient	envoyé	enverrai	*to send*
être	suis es est sommes êtes sont	été	serai	*to be*
faire	fais -s -t faisons faites font	fait	ferai	*to make, do*
geler	gèle -es -e gelons -ez gèlent	gelé	gèlerai	*to freeze*
jeter	jette -es -e jetons -ez jettent	jeté	jetterai	*to throw*
lire	lis -s -t lisons -ez -ent	lu	lirai	*to read*
mettre	mets -s met mettons -ez -ent	mis	mettrai	*to put*
mourir	meurs -s -t mourons -ez meurent	mort*	mourrai	*to die*

INFINITIVE	PRESENT	PAST PARTICIPLE	FUTURE	ENGLISH
naître	nais -s naît naissons -ez -ent	né*	naîtrai	*to be born*
offrir	offre -es -e offrons -ez -ent	offert	offrirai	*to offer*
ouvrir	ouvre -es -e ouvrons -ez -ent	ouvert	ouvrirai	*to open*
partir	pars -s -t partons -ez -ent	parti*	partirai	*to leave*
plaire	plais -s plaît plaisons -ez -ent	plu	plairai	*to please*
pleuvoir	il pleut	plu	il pleuvra	*to rain*
pouvoir	peux -x -t pouvons -ez peuvent	pu	pourrai	*to be able*
prendre	prends -s prend prenons -ez prennent	pris	prendrai	*to take*
recevoir	reçois -s -t recevons -ez reçoivent	reçu	recevrai	*to receive*
rire	ris ris rit rions riez rient	ri	rirai	*to laugh*
savoir	sais -s -t savons -ez -ent	su	saurai	*to know (how)*
(se) sentir	sens -s -t sentons -ez -ent	senti	sentirai	*to feel*
servir	sers -s -t servons -ez -ent	servi	servirai	*to serve*
suivre	suis -s -t suivons -ez -ent	suivi	suivrai	*to follow*
tenir	tiens -s -t tenons -ez tiennent	tenu	tiendrai	*to take, hold*
venir	viens -s -t venons -ez viennent	venu*	viendrai	*to come*
vivre	vis -s -t vivons -ez -ent	vécu	vivrai	*to live*
voir	vois -s -t voyons -ez voient	vu	verrai	*to see*
vouloir	veux -x -t voulons -ez veulent	voulu	voudrai	*to wish*

Cassette transcript

1 Les passe-temps

1 Regardez la photo

Ben... salut. Je m'appelle Emilie, Emilie Jaubert. J'ai 17 ans. Comme passe-temps, j'aime le sport, surtout le volley. Je fais du volley au club... et je joue aussi au tennis. J'adore lire et j'aime bien acheter des livres. Le week-end, je vais souvent au cinéma avec mes copains. J'aime aussi jouer au tennis et aller à la piscine. Tu me reconnais? Je suis assez grande et j'ai les cheveux bruns et longs.

Je ne porte pas de lunettes et je suis assise à côté de mon amie, Amélie... elle est plus petite que moi et elle a les cheveux blonds.

2 Emilie et ses amis vont sortir ce soir

Emilie: Dis, Amélie... qu'est-ce que tu fais ce soir?
Amélie: Ben... rien de particulier. Tu veux sortir?
Emilie: Oui... d'accord... Qu'est-ce qu'on va faire?
Amélie: Dis... Laurent, on va aller en ville ce soir. Ça te dit?
Laurent: Oui... qu'est-ce qu'on va faire?
Emilie: Ça dépend...
Laurent: Vous êtes déjà allées à la patinoire, près de la gare?
Amélie: Non... c'est bien?
Laurent: Oui... j'y suis allé il y a quinze jours...
Emilie: Mais écoute... je n'aime pas patiner... Je préférerais faire quelque chose d'un peu plus ... ben... un peu plus intéressant.
Laurent: Par exemple...?
Emilie: Ben... moi, j'aimerais bien aller au bowling...
Amélie: D'accord... j'aime bien le bowling. Et toi, Laurent?
Laurent: Oui... eh bien... je viens chez toi, Emilie, à quelle heure?
Emilie: Vers 7h... 7h et demie?
Laurent: D'accord... à plus tard alors.

3 Planifiez une journée d'activités

Jean-Luc:
Bon... ben... tu veux savoir ce que j'aime faire... Eh bien, je n'aime pas rester à la maison... Le week-end, je ne suis presque jamais chez moi ... j'adore le sport... le football, le tennis, le volley... je fais beaucoup de sport... mais j'aime aussi regarder les matchs au stade. A part ça... j'aime aller prendre un pot avec mes camarades... on va souvent dans une pizzeria ou bien chez MacDonald et de temps en temps, je vais au cinéma... J'aime bien les comédies ou les films de science-fiction.

Sophie:
Alors... mes passe-temps... eh bien... j'aime lire, et j'aime regarder la télévision. Je regarde aussi des vidéos... J'aime jouer avec l'ordinateur... et mon frère et moi, nous avons beaucoup de jeux vidéo. En plus, j'adore écouter de la musique... et je vais souvent à des concerts. Je préfère le jazz et le blues. Je n'aime pas tellement faire du sport... mais de temps en temps, je vais au stade avec mes copains... par exemple, pour regarder notre équipe scolaire... quand il y a un match. Et j'aime bien aller au bowling.

Eric:
Ben... comme Sophie... j'adore les jeux vidéo... j'ai une nouvelle console de jeux Sega. C'est super! J'aime aussi les vieux films... Casablanca et les films de Humphrey Bogart, par exemple et j'aime écouter de la musique. Je n'aime pas le fast-food... et je ne vais jamais dans les restaurants de fast-food. De temps en temps, je vais à la patinoire ou au bowling avec mes copains... et on aime aussi regarder des vidéos.

Fabienne:
Salut... c'est moi, Fabienne. Ben... comme passe-temps, j'aime bien nager et faire de la planche à voile. Je fais aussi de l'escalade au centre omnisports... A part ça, j'aime aller au cinéma ou regarder des vidéos chez moi... et j'adore lire. Je déteste le football mais j'aime bien faire de longues promenades à la campagne. Voilà, c'est tout!

7 Pratiquez cette conversation

A: Qu'est-ce qu'on va faire cet après-midi?
B: Ben... moi, je voudrais bien aller à la piscine.
A: Bonne idée... j'aime bien nager. Je viens chez toi à quelle heure?
B: Euh... à 2h et demie? Ça te dit?
A: Oui... et après, on peut aller manger une pizza.
B: D'accord.

2 Le sport

2 Ecoutez ces huit interviews

1
A: Est-ce que tu fais du sport?
B: Ben... oui, je joue au football... je vais au club le jeudi.

2
A: Et toi, tu joues au football, toi aussi?
B: Non... je n'aime pas tellement le football... moi, je préfère les sports nautiques, surtout la planche à voile.
A: La planche à voile?
B: Oui...

3
A: Et toi, que fais-tu?
B: Ben... moi, j'aime bien les sports d'été... pendant l'été, je joue souvent au tennis.
A: Tu vas au club?
B: Oui... avec ma famille. On joue ensemble.

4
A: Est-ce que tu fais du sport?
B: Oui... j'adore le sport... surtout le rugby.
A: Le rugby?
B: Oui... je joue au rugby au collège, et j'aime aussi le regarder à la télé.

5
A: Et toi, que fais-tu?
B: Ben... moi, je déteste le rugby... moi, je préfère les sports individuels.
A: Par exemple?...

B: Eh bien, mon sport préféré, c'est le golf. Je voudrais bien être golfeuse plus tard.
A: Et tu joues au golf?
B: Oui... avec mon père.

6
A: Toi aussi, tu aimes le golf?
B: Ben... non, pas tellement. Moi, je préfère aller à la piscine.
A: Tu aimes nager?
B: Oui... j'y vais tous les week-ends.

7
A: Et toi, que fais-tu?
B: Ben... mon sport préféré, c'est le ski.
A: Et tu fais du ski?
B: Oui, en hiver, nous allons souvent à la montagne. C'est super.

8
A: Et toi... le ski, ça te dit?
B: Euh... non, ben... non... je n'ai jamais fait de ski... mais j'aime bien patiner. Je vais souvent à la patinoire avec mes copains.
A: Moi aussi, j'aime patiner.

3 Vous aimez le rugby

Rugby, c'est reparti! Pour les fans de rugby, le coup d'envoi du tournoi des Cinq Nations aura lieu la semaine prochaine. Ce tournoi oppose cinq équipes: l'Ecosse, l'Irlande, le pays de Galles, l'Angleterre et la France. Samedi, la France et le pays de Galles se recontrent au Parc des Princes à Paris. A ne pas manquer! Samedi, le 21 janvier à 15 heures. L'émission commence à 14h 15.

4 Ecoutez deux interviews

1
A: Parlez-moi un peu de vous. A quel âge avez-vous commencé à jouer au golf?
B: Ben... j'avais 8 ans quand mon père a commencé à jouer au golf. Il ne pouvait plus jouer au squash... et il a décidé d'essayer un nouveau sport... et moi, j'aimais l'accompagner. La première fois que j'ai joué? Eh bien... je crois que j'avais 9 ans. On était en vacances... et j'ai joué au mini-golf!
A: Et comment se déroulent vos journées?
B: Ben... quand je ne joue pas dans un tournoi, je me lève vers 8h le matin... et je m'entraîne une ou deux heures. L'après-midi, je vais au gymnase et je travaille ma condition physique. C'est très important pour un golfeur... être en forme.
A: Et quand vous jouez dans un tournoi?
B: Pendant un tournoi, je dois me lever assez tôt... parce qu'on doit souvent commencer la première partie vers 7h 30 ou 8h. Mais, à ce moment-là, je ne vais pas au gymnase...

2
A: On vous voit souvent à la télé... mais quand avez-vous commencé à jouer au football?
B: Ben... j'étais tout petit... j'avais quatre ou cinq ans... je jouais avec mes frères et avec leurs copains.
A: Et vous jouiez bien?
B: Je n'étais pas mal!
A: Et maintenant... que faites-vous chaque jour? Décrivez une journée typique chez vous.
B: Eh bien... le matin, je me lève assez tôt... j'aime bien prendre le petit déjeuner en famille... et d'habitude, j'arrive au stade vers 9h. On s'entraîne en équipe deux heures, deux heures et demie... et après, on a la possibilité d'aller au gymnase. Il est important de se maintenir en forme... on a besoin de faire de la musculation et aussi de faire du footing... De temps en temps, il y a des réunions, ou on doit faire des interviews, mais d'habitude, le soir, je rentre chez moi vers 6h.
A: Et quand il y a un match?
B: Quand il y a un match, on s'entraîne une heure le matin... quand on joue chez nous... mais quand il faut voyager, on prend le car assez tôt pour arriver de bonne heure.

13 Ecoutez la cassette

A: Bonjour.
B: Bonjour, madame. Deux billets pour le match de football, s'il vous plaît.
A: Deux billets? Voilà... C'est 58 francs.
B: Merci, madame. Le match commence à quelle heure?
A: A 14 heures trente.
B: A 14 heures trente?
A: Oui... c'est ça.

3 L'argent

3 Ecoutez la cassette

1
Eh bien, moi... en ce moment, je vais au lycée. Je prépare le bac. Si je suis reçu, je voudrais bien aller à l'université... plus tard, j'aimerais être dentiste. Je voudrais travailler avec le public... et je suis fort en sciences.

2
Ben... moi aussi, je vais au lycée... je passe le bac cette année. En ce moment je travaille beaucoup et j'ai toujours plein de devoirs. Plus tard dans la vie, j'espère être ingénieur. J'espère aller à l'université, mais je sais que ce sera difficile.

3
Qu'est-ce que je veux faire dans la vie? Eh bien, je voudrais bien être agent de police. La semaine prochaine, je vais parler avec la conseillère d'orientation. Elle va me donner des renseignements sur les cours que je devrais suivre pour devenir agent de police.

4
Je sais ce que je voudrais faire dans la vie. Mon rêve c'est d'être journaliste et je voudrais bien travailler à Paris ou même à l'étranger. J'écris déjà des articles pour le journal scolaire et je vais envoyer des articles à des magazines pour les Jeunes.

5
Mon rêve, c'est de travailler avec le public, d'aider ceux qui sont malades... je voudrais bien être médecin. On m'a dit qu'il est difficile de réussir... mais je vais beaucoup travailler... Et plus tard, je voudrais travailler avec Médecins sans Frontières.

6
Ben... moi, je n'ai pas encore décidé... je suis fort en informatique et en maths... et peut-être que je vais devenir technicien... je ne sais pas encore.

7
Qu'est-ce que je veux faire dans la vie? Eh bien... je voudrais être secrétaire bilingue. Je suis forte en anglais et en espagnol... et je suis bien organisée... Je voudrais travailler dans une grande société à Paris...

5 On fait un sondage sur les métiers

1
Interviewer: Laurence Sittler... vous êtes vétérinaire.
Laurence: Oui... j'ai un cabinet à Amiens.
Interviewer: Parlez-moi un peu de votre métier. Par exemple, comment se déroulent vos journées?
Laurence: Eh bien... d'habitude, je commence le matin vers 8h 30. Il y a toujours plusieurs patients qui arrivent à la clinique assez tôt le matin. Normalement, on fait des opérations le matin... mais de temps en temps il faut aussi s'occuper des urgences... par exemple, un chat renversé par une voiture... . L'après-midi, de 15h à 19h 30, j'examine beaucoup d'animaux... surtout des chats et des chiens.
Interviewer: A votre avis, quels sont les avantages du métier?
Laurence: Euh... c'est un métier varié... et j'aime bien travailler avec les animaux.
Interviewer: Et les inconvénients?
Laurence: Euh... il faut beaucoup travailler... même le soir, quand on est de garde. Il est important d'avoir de la résistance physique!
Interviewer: Et vous avez des projets d'avenir?
Laurence: Moi, je voudrais bien travailler à la campagne avec les gros animaux... les vaches, les chevaux, etc.

2
Interviewer: Pascale Blandin... vous êtes vendeuse, non?
Pascale: Oui, c'est ça.
Interviewer: Alors, vous commencez à quelle heure le matin?
Pascale: Ben... je commence à 8h 30... et je rentre chez moi vers 19h 30 le soir.
Interviewer: Et quels sont les avantages du métier?
Pascale: Eh bien... travailler avec le public... j'aime bien rencontrer le public. C'est toujours intéressant.
Interviewer: Et les inconvénients?
Pascale: Euh... travailler avec le public? Quand il y a un problème, il est difficile de sourire surtout quand le client se plaint... et c'est toujours la faute de la vendeuse!
Interviewer: Et vous avez des projets d'avenir?
Pascale: Moi, j'aimerais bien avoir une boutique... un petit magasin, ici en ville.

3
Interviewer: Et pour terminer, vous êtes Philippe... et vous êtes infirmier.
Philippe: Oui... je suis infirmier.
Interviewer: Alors... décrivez-moi une journée typique.
Pascale: C'est difficile... il n'y a pas de "journée typique" dans un hôpital... Euh... l'horaire... c'est un pe compliqué... Je travaille de 6h 30 à 14h 30 pendant deux semaines... et puis je travaille de 13h 30 à 21h 30 les deux semaines suivantes ... et je suis de garde un week-end sur deux.
Interviewer: Et les avantages du métier?
Pascale: Ben... j'aime bien soigner les malades... surtout les petits. Je travaille avec des enfants de 3 à 15 ans.
Interviewer: Et les inconvénients?
Pascale: De temps en temps c'est difficile, surtout avec les adultes qui s'inquiètent.
Interviewer: Et vous avez des projets d'avenir?
Pascale: Je voudrais me spécialiser... je voudrais travailler en salle d'opération pour assister le chirurgien.

4 Au lycée

5 Vous allez au lycée

Bon... tu as un stylo? Alors... aujourd'hui... ce matin, j'ai anglais, euh... histoire-géo et maths... Eh bien... on a anglais dans la salle numéro euh... 7. Oui, 7. Euh... on a histoire-géo dans la salle numéro 9... oui, c'est ça... histoire-géo, c'est la salle 9. Ensuite, les maths... les maths, c'est la salle 12.

On va manger à la cantine... ça va? Et après... on recommence dans la salle 15... cet après-midi... on a technologie... , c'est la salle 15... et après, on a informatique... Pour l'informatique, on va dans la salle 16... c'est la salle d'informatique. D'accord?

6 Trois élèves parlent du lycée

1
L'école? Ben... à mon avis... parfois, c'est ennuyeux... et il y a des profs que je n'aime pas... mais dans l'ensemble... ce n'est pas mal.

2
Moi, je déteste l'école... c'est nul! Les profs m'ennuient à mourir... et les cours... à mon avis... ces matières... c'est inutile. Moi... je préférerais quitter l'école et travailler pour gagner de l'argent.

3
Ben... moi, j'aime l'école. Là, je peux retrouver mes amis... on a la possibilité d'étudier ensemble... et les cours... dans l'ensemble... ils sont utiles... Et j'adore les sciences... et tout ça... Oui, à mon avis, l'école, ce n'est pas mal.

7 Ecoutez la cassette

Salut! Je vais vous parler de notre lycée... ça nous intéresse tous, hein, le lycée?

Bon... chez nous, les cours commencent à 8h 15... et ils finissent à 17h. C'est une longue journée! Le mercredi et le samedi les cours commencent à 8h 15, comme d'habitude... mais ils finissent à 12h 15. Le mercredi après-midi, je fais du sport... ou bien je vais chez mes copains... et, de temps en temps, je fais mes devoirs!

Mes matières préférées sont l'informatique, les maths et les sciences. J'aime aussi l'anglais... c'est utile. Mais je n'aime pas du tout l'histoire-géo... c'est ennuyeux! Notre lycée est assez moderne... et il y a une grande salle d'informatique. Il y a aussi un ordinateur dans le CDI: le Centre de Documentation et d'Information.

Moi, j'aime bien l'école dans l'ensemble... là, je peux faire du sport... je fais de l'athlétisme... Il y a un grand terrain de sport... et en plus, je n'ai pas de problèmes particuliers. Pour l'instant, ça me plaît!

Mais dans deux ans, je vais passer le Bac... c'est dur comme examen... mais c'est l'examen le plus important. J'espère que ça va continuer à me plaire!

5 La vie des jeunes

1 On parle des passe-temps

1
Ben… beaucoup de choses me font rêver mais ce que je préfère? Alors, devinez!… J'adore chanter… et je chante dans une chorale… j'aime aussi jouer du violon… et je joue dans un orchestre. J'aime aussi écouter toute sorte de musique. Oui, mon passe-temps préféré, c'est la musique.

2
Pour moi, être en forme, c'est très important. De temps en temps, je joue au volley ou au football avec mes copains… et je joue aussi au tennis de table au Club des jeunes. En plus, j'aime regarder le sport à la télé… et j'aime aussi aller au stade. Le sport, c'est mon passe-temps préféré.

3
Voyons… les farces qu'on fait aux professeurs qu'on n'aime pas! C'est rigolo! Ça me fait rire!

4
Hier, j'ai vu un jeune qui hurlait dans son téléphone portable… dans la rue… Et on voit souvent des gens qui font ça dans les magasins… dans les restaurants. Ça m'énerve!

5
Moi, je me sens concerné par la prévention de la drogue… Dans notre lycée, il y a des jeunes qui se droguent … et c'est vraiment un problème. La drogue… ça m'inquiète.

6
On dit qu'à l'avenir, on va avoir beaucoup de temps libre et il faudra apprendre à se relaxer! Alors, les loisirs sont très importants. Les loisirs, ça veut dire: le cinéma, le sport, le théâtre… tout ce qu'on fait pour se détendre.

7
Qu'est-ce que je fais pour me relaxer? C'est simple… je vais dans les magasins et j'achète de nouveaux vêtements. J'aime aussi acheter des magazines de mode.

2 Quatre interviews

1
Ben… la vie des jeunes? Pour moi, être jeune veut dire être frivole… on a la possibilité de faire plein de choses. J'adore sortir avec mes copains… on est content… on s'intéresse à tout. Oui… sortir avec mes copains… ça me fait rire!

2
A mon avis, l'image des jeunes donnée par les médias n'est pas juste. A mon avis, les jeunes se sentent concernés par les problèmes dans le monde. Par exemple, moi, je me sens concerné par la protection des animaux.

3
Pour moi, ce qui est important, c'est ma famille. Je m'entends bien avec mes parents et avec mon frère et ma sœur. Je peux discuter de tout avec eux… ils me comprennent.

4
Ben… moi, j'adore la musique… c'est ma vie. Je joue dans un groupe… moi, je joue de la guitare. Nous répétons tous les week-ends… et de temps en temps on est invité à jouer pour nos copains… par exemple, à une soirée.

3 On fait de la publicité

Voix 1
- Vous aimez rire?
- Vous aimez la musique?
- Vous vous intéressez à la mode?

Voix 2
En plus…
- Vous vous intéressez à l'actualité?
- Vous vous sentez concernés par les problèmes dans le monde?

Voici l'émission pour vous. Ecoutez "Salut! On vous parle…", vendredi, 18h 30.

8 Ecoutez la cassette

Aujourd'hui, je vais vous parler de l'environnement. Je me sens concerné par la protection de l'environnement. On lit dans les journaux que la Terre devient de plus en plus sale, polluée… et que les animaux souffrent.

Moi, je dis que nous, les êtres humains, nous souffrons aussi. Mais c'est nous qui la détruisons… et c'est à nous de la faire changer.

C'est pour ça que je vous parle de l'environnement. Cela dépend de nous. Qu'est-ce que nous pouvons faire?

On peut commencer chez nous… Nous pouvons recycler nos déchets… nous pouvons éviter de gaspiller l'eau et l'électricité…

En plus, nous pouvons parler aux adultes… Ce sont eux qui ont la possibilité de voter, d'élire nos ministres.

Et pour terminer, c'est à nous de décider de ce que nous allons faire, à l'avenir, pour mieux protéger la nature.

6 Les médias

2 Notez les médias mentionnés

1
A: Bonjour, je peux vous poser une question?
B: Oui… bien sûr.
A: On vous dit: "Les médias". A quoi pensez-vous?
B: Ben… les médias, euh… à la télévision, bien sûr… et euh… les journaux.

2
A: Bonjour, madame. On parle des médias. C'est quoi, pour vous, les médias?
B: Ben… pour moi, c'est la radio et… euh, c'est aussi les journaux.
A: Merci, madame.

3
A: Je peux vous poser une question? On parle des médias…
B: Oui… les médias, vous avez dit?
A: Oui… on vous dit "Les médias". A quoi pensez-vous?
B: Eh bien… aux journaux, bien sûr… et à la télévision… et peut-être au cinéma… le cinéma.
A: D'accord… la télévision, les journaux et le cinéma.

4
A: On parle des médias… à quoi pensez-vous?
B: Les médias? Euh… ce n'est pas difficile… les journaux… la télévision et la radio… mais on parle aussi du

multimédia... les micro-ordinateurs multimédia, par exemple.

A: Oui, c'est vrai. Merci.

B: Je vous en prie.

3 Quatre personnes sortent du cinéma

1

A: Bon... vous venez de voir le nouveau film. C'était bien?

B: Moi, je l'ai trouvé vraiment bien... un peu long, peut-être, mais dans l'ensemble, je l'ai bien aimé.

2

A: Et vous, vous avez aimé le film?

B: Ben... ce n'était pas mal. A mon avis, c'est un peu long... mais c'est pas mal.

3

A: Monsieur, je peux vous poser une question?

B: Oui...

A: Vous venez de voir le nouveau film... Vous l'avez aimé?

B: Non, pas tellement. Malheureusement, je l'ai trouvé un peu ennuyeux. Je suis un peu déçu... d'habitude, j'aime ce genre de film... mais...

A: Alors, vous ne l'avez pas aimé?

B: Euh... non.

4

A: Madame, monsieur... je peux vous demander ce que vous pensez du film? C'était bien?

B: Ben... moi, je l'ai trouvé un peu long... un peu ennuyeux

C: Mais moi je l'ai trouvé vraiment bien. C'était super! Mais j'aime bien ce genre de film. Ça m'intéresse.

B: Moi non. Ça m'embête.

4 Deux jeunes Français parlent des loisirs

A: Qu'est-ce que tu as fait ce week-end?

B: Ben... samedi après-midi, j'ai regardé le match à la télé. C'était super!

A: Ah bon? Ton équipe a gagné, alors?

B: Oui... quatre à zéro! Super! Et toi, qu'est-ce que tu as fait?

A: Eh bien, moi, je suis allé dans les magasins et j'ai acheté un nouveau jeu vidéo. C'est super-génial!

B: Un nouveau jeu vidéo? Tu as de la chance!

A: Oui... mon grand-père m'a donné de l'argent pour mon anniversaire... et j'adore les jeux vidéo... Et toi, ça t'intéresse?

B: Ben... oui... mais je n'ai pas d'ordinateur... et je préfère regarder des films... moi, je préfère acheter des cassettes vidéo.

5 Vous entendez une conversation

Anne: Elise... je te présente Jean-Luc...

Jean-Luc: Salut, Elise...

Elise: Salut...

Jean-Luc: C'est bien comme soirée, hein?

Elise: Oui, c'est pas mal...

Jean-Luc: Tu aimes ce genre de musique?

Elise: Le techno? Pas tellement. Je préfère le rock.

Jean-Luc: Moi aussi... j'écoute souvent Sky Rock...

Elise: Moi aussi... c'est super génial! J'adore Guns n Roses... et toi?

Jean-Luc: Ben... oui, mais je préfère Europe.... Dis, tu vas souvent aux concerts?

Elise: Euh... non... mes parent disent que je suis trop jeune. Et toi?

Jean-Luc: Oui... je suis allé au dernier concert d'Europe à Paris.

Elise: Génial! Tu as de la chance! C'était bien?

Jean-Luc: Oui... c'était formidable... Dis... j'ai acheté la cassette vidéo du concert... tu veux la regarder?

Elise: Certainement...

Jean-Luc: Tu viens chez moi dimanche?

Elise: Dimanche, je ne peux pas... je vais au cinéma avec mes copains. Tu veux venir avec nous?

Jean-Luc: Euh... qu'est-ce que vous allez voir?

Elise: Euh... le nouveau film de Sylvester Stallone, je crois. Ça te dit?

Jean-Luc: Oui... j'aime bien ses films...

Elise: Moi aussi, c'est mon acteur préféré...

Jean-Luc: Moi, je préfère les films de Michael Douglas... mais ceux de Sylvester Stallone ne sont pas mal...

7 Les vacances

1 Des Français sont en vacances

1

A: Bonjour, monsieur.

B: Bonjour. Avez-vous un emplacement pour une tente?

A: Euh... oui... vous êtes combien?

B: Deux adultes et trois enfants.

A: Et c'est pour combien de nuits?

B: Pour deux nuits, si possible.

A: Oui... il n'y a pas de problème... c'est l'emplacement 28.

B: Merci.

2

A: Bonjour, tout le monde!

Tous: Bonjour! Salut!

A: Entrez! Vous avez beacoup de valises? Marc, Philippe... allez prendre les valises...

B: Non, non... nous avons laissé les valises dans la voiture... On va les prendre plus tard.

A: D'accord... entrez! Vous avez fait un bon voyage?

B: Oui... pas mal .

3

A: Bonjour, monsieur.

B: Bonjour, madame. Avez-vous une chambre pour deux personnes?

A: Euh... voyons... oui, nous avons une chambre à deux lits, si ça vous convient.

B: Avec salle de bains?

A: Euh... oui, ou avec douche, si vous préférez.

B: Je voudrais une chambre avec salle de bains...

A: D'accord... c'est la chambre 35... voilà la clé.

B: Merci.

4

A: Bonjour, monsieur. Avez-vous encore de la place pour ce soir?

B: Vous êtes combien?

A: Deux garçons et deux filles.

B: Oui... il y a des places de libres. Avez-vous votre carte de membre?

A: Oui... voilà.

B: Et c'est pour combien de nuits?

A: Pour une nuit seulement.

B: D'accord... les dortoirs pour les garçons se trouvent au premier étage, et les dortoirs pour les filles au deuxième étage.

A: Merci... et il y a une cuisine pour préparer les repas?
B: Oui... bien sûr... là-bas, à gauche.

2 Vous travaillez dans un hôtel

1
Femme: Allô, Le Lion d'Or.
Homme: Bonjour, madame. Je voudrais réserver une chambre.
Femme: D'accord... c'est pour combien de personnes?
Homme: Pour deux personnes.
Femme: Et c'est pour combien de nuits?
Homme: Pour trois nuits, du 13 au 16 juin.
Femme: Du 13 au 16 juin?
Homme: Oui... c'est ça.
Femme: Et vous voulez une chambre avec salle de bains ou avec douche?
Homme: Euh... avec salle de bains, si possible.
Femme: Oui... je peux vous réserver une chambre à deux lits, avec salle de bains, du 13 au 16 juin. C'est ça?
Homme: Oui... c'est ça.
Femme: Et votre nom, monsieur?
Homme: Ah oui... je suis Monsieur Tauran, TAURAN.
Femme: Très bien, Monsieur Tauran.

2
Femme 1: Allô, Le Lion d'Or.
Femme 2: Bonjour, madame. Je voudrais réserver deux chambres, pour le mois d'août..., c'est-à-dire, du 3 au 10 août.
Femme 1: Deux chambres... vous voulez deux chambres à deux lits?
Femme 2: Euh... non, je voudrais une chambre à deux lits et une chambre avec un grand lit.
Femme 1: Et vous voulez des chambres avec douche?
Femme 2: Oui... si possible.
Femme 1: Et c'est pour combien de personnes?
Femme 2: C'est pour quatre personnes... moi, mon mari et mes deux filles.
Femme 1: D'accord... deux chambres avec douche, l'une avec un grand lit et l'autre à deux lits... pour sept nuits, du 3 au 10 août.
Femme 2: Oui... c'est ça.
Femme 1: Et votre nom, madame?
Femme 2: Ah oui... je suis Madame Blandin, BLANDIN.
Femme 1: Très bien, Madame Blandin.

3
Femme 1: Allô, Le Lion d'Or.
Femme 2: Bonjour, madame. Je voudrais réserver une chambre avec salle de bains, pour deux nuits, du 10 au 12 juillet.
Femme 1: Euh... pouvez-vous répéter, s'il vous plaît? On n'entend pas bien. Une chambre avec salle de bains, vous avez dit?
Femme 2: Oui... une chambre avec salle de bains... du 10 au 12 juillet.
Femme 1: D'accord... une chambre pour deux nuits... et c'est pour combien de personnes?
Femme 2: Pour deux personnes.
Femme 1: Voulez-vous une chambre à deux lits ou une chambre avec un grand lit?
Femme 2: Une chambre à deux lits, si possible.
Femme 1: D'accord... et quel est votre nom, madame?
Femme 2: Pardon... je suis Madame Laporte.
Femme 1: Madame Laporte?
Femme 2: Oui, c'est ça.

4
Femme: Allô, Le Lion d'Or.
Homme: Bonjour, madame. Est-ce que je pourrais réserver une chambre?
Femme: Pour quelle date, monsieur?
Homme: Pour le premier juillet.
Femme: Euh... oui... c'est pour combien de nuits?
Homme: Pour une nuit...
Femme: D'accord... et c'est pour combien de personnes?
Homme: Pour une personne.
Femme: Et vous voulez une chambre avec salle de bains ou avec douche?
Homme: Euh... avec salle de bains, si possible.
Femme: Oui... je peux vous réserver une chambre avec salle de bains, pour une nuit, le premier juillet. C'est ça?
Homme: Oui... c'est ça.
Femme: Et votre nom, monsieur?
Homme: Ah oui... je suis Monsieur Julien, JULIEN.
Femme: Très bien, Monsieur Julien.

6 Ecoutez la cassette

1
Ben... moi, pendant les vacances... je suis allée chez mes cousins... ils habitent tout près de Roissy ... et nous avons passé une journée au Parc Astérix. C'était super! On a vu des dauphins... et des automates... et on a visité le village d'Astérix... Là il y a aussi un grand huit, Goudurix... un grand huit..., c'est-à-dire, vous montez dans un petit véhicule... et on monte et descend très vite... vers le quai. On a aussi beaucoup mangé... il y avait beaucoup de restaurants du type gaulois. C'était super.

2
Ben... moi, je suis parti en vacances avec un groupe d'amis. Nous avons fait du camping tout près de Poitiers. Est-ce que vous connaissez cette région de France? C'était pas mal... Je voulais aller au Parc de la Haute Touche... Là... on peut observer les oiseaux et les animaux... et on peut aussi faire de l'équitation... mais mes copains ont décidé de faire le circuit des châteaux... il y en a beaucoup dans le val de Loire... c'est assez intéressant... mais... euh... pendant les vacances moi, je préfère m'amuser!

3
Mon mari et moi, nous sommes allés à Paris. Nous avons trouvé un bon hôtel près de la Tour Eiffel... et nous avons visité les sites et les monuments... Moi, j'aime bien les monuments modernes... et nous avons passé deux journées à visiter l'Arche de la Défense et la Géode. C'était vraiment intéressant. Nous avons aussi acheté des billets pour le bateau mouche et nous avons bien mangé! C'était très agréable.

12 Ecoutez la cassette

Ben... cette année je suis allé à Gravelines, tout près de Calais. Avant d'arriver, je ne savais pas ce que j'allais faire parce que je pensais qu'il n'y avait pas beaucoup de choses pour les jeunes. Mais ce n'est pas vrai du tout! J'ai passé presque quinze jours à Sportica, un grand centre omnisports. C'était super-bien! Il y avait une grande piscine, des terrains de tennis, de squash et de tennis de table. Il y avait aussi un Espace Roller, où on pouvait faire du patin à roulettes, et un bowling. On pouvait même faire des stages sportifs... tir à l'arc, volley... Plein de choses. Eh bien, moi... j'ai beaucoup nagé... et j'ai fait un peu de planche à voile... parce que nous sommes allés à la mer… Et je suis devenu un fan du sport nautique. L'année prochaine, je voudrais apprendre à faire du ski nautique et aussi du surf!

8 Chez moi

3 Ecoutez la cassette

Bonjour et bienvenue à l'exposition "La maison de l'avenir". Ici, on a la possibilité de songer à l'avenir… et d'essayer quelques "gadgets" que nous aurons peut-être chez nous un jour.

Je me trouve actuellement dans une maison qui est vraiment une maison de l'avenir. Ici on peut trouver des exemples d'une technologie ultra-moderne. Par exemple, ici dans la cuisine, il y a toute une gamme d'appareils ménagers. Je vous cite quelques exemples: il y a un congélateur, un frigo et un four à micro-ondes qui, grâce à cette technologie, économisent l'énergie. Il y a aussi des containers spéciaux pour vous aider à recycler presque tous vos déchets: le papier, l'aluminium, le verre, etc.

Il y a des volets bien sûr pour économiser l'énergie et une machine à laver et un lave-vaisselle qui évitent de gaspiller l'eau. C'est une maison super-écolo!

Et pour ceux qui adorent l'informatique, ici, dans la salle de séjour, il y a une télévision, bien sûr, mais il y a aussi une console de jeux et un micro-ordinateur multi média.

4 Ecoutez la cassette

1
Voici des détails sur l'appartement. Il se trouve dans la banlieue, dans un bâtiment assez moderne. L'appartement est au cinquième étage, mais il y a un ascenseur. Et les pièces… eh bien… il y a deux chambres… deux grandes chambres… un grand salon avec coin repas… et une petite cuisine. Il y a aussi une salle de bains avec douche. Il y a, bien sûr, le chauffage central. C'est un appartement très confortable et le prix demandé …

2
Je vous donne des détails sur la maison… c'est une maison très confortable… située dans la banlieue… dans un endroit assez tranquille. A l'extérieur, il y a un garage et un jardin… un jardin assez grand. C'est très joli. Au rez-de-chaussée, il y a une salle de séjour, avec coin repas et une cuisine équipée. Ces deux pièces sont assez grandes et très confortables. A l'étage, il y a trois chambres… deux grandes chambres et une troisième qui est assez petite. … et il y a aussi la salle de bains, avec douche, baignoire et bidet. Cette maison offre tout le confort et le loyer demandé …

3
Nous avons une maison à louer… une maison à la campagne, à 7 kilomètres du centre-ville. Ben… les détails… il y a deux étages… à l'étage il y a quatre chambres et une salle de bains. Toutes les chambres sont assez grandes et très confortables. Dans la salle de bains, il y a une baignoire, une douche et un bidet… et bien sûr un WC et un lavabo. Au rez-de-chaussée, il y a une grande cuisine, toute équipée… la salle à manger et le salon. Il y a aussi un WC, près de l'entrée. A l'extérieur, il y a deux garages et un grand jardin. Oh… il y a aussi une cave. Et il y a la chauffage central. C'est vraiment une belle maison spéciale. Comme loyer, on va demander …

4
Ben… notre appartement, c'est un petit appartement au centre-ville. C'est pratique pour les magasins, pour la gare et pour le terminus. Eh bien… l'appartement est au deuxième étage… il y a une chambre… une salle de séjour, avec coin repas… il y a une cuisine équipée… et une salle de bains… il y a une douche et un bidet. C'est un appartement charmant, dans un bâtiment assez vieux… et c'est très confortable. En ce qui concerne le loyer …

7 Votre amie française vient chez vous

Salut… c'est moi, Véronique. Ecoute, je vais te parler d'une journée typique chez moi… comme ça, tu vas savoir ce qu'on fait chez nous.

Ben… d'habitude je me réveille vers 7h 15 et je me lève vers 7h 30. Bien sûr, le week-end et pendant les vacances, je me lève plus tard, vers 8h, 8h 30. Euh… je me lave et je m'habille avant de prendre le petit déjeuner… comme ça, j'ai plus de temps dans la salle à manger. Après le petit déjeuner, tout le monde veut faire sa toilette… mais moi, je peux prendre mon petit déjeuner tranquillement… en écoutant la radio.

Euh… je quitte la maison vers 8h 15… et je vais au collège en autobus. Les cours commencent à 8h 45 et ils finissent vers 17h.

Le soir, je fais mes devoirs après le dîner… d'habitude, j'ai deux heures de devoirs. J'aime bien regarder un peu la télé ou écouter de la musique avant d'aller au lit… et je me couche vers 22h 30.

Et toi, une journée typique chez toi, c'est comment?

8 Votre amie veut emprunter quelques objets

Véronique

- Ecoute… je voudrais bien prendre une douche. Est-ce que je peux emprunter une serviette?
- Dis… merci pour la serviette… est-ce que tu as un sèche-cheveux? Je peux l'emprunter, s'il te plaît?
- Euh… je veux me brosser les dents… mais je n'ai pas de brosse à dents. Euh… je peux prendre une brosse à dents? Dans la salle de bains? Merci.
- Ecoute… j'ai froid… et je n'ai pas de pull. Est-ce que tu peux me prêter un pull ou un sweat, s'il te plaît.
- Merci… tu es gentil… et maintenant, je dois écrire à la compagnie aérienne. Tu as un stylo et du papier, s'il te plaît?

9 Quel temps fait-il?

2 Lisez cette invitation et écoutez la météo

… Et maintenant, les prévisions pour notre région. Alors le matin, le ciel sera assez nuageux… et il fera assez frais. Mais l'après-midi, on prévoit des éclaircies, même du soleil. Et il fera un peu plus chaud: une température de vingt degrés.

4 Ecoutez la météo

Et maintenant les prévisions pour demain. Le matin, il fera un temps assez frais avec une possibilité de pluie sur toute la région. Le ciel sera couvert partout. L'après-midi, il y aura quelques éclaircies avec une température élevée de vingt-deux degrés. Le soir sera plus frais encore... le ciel sera couvert et on prévoit même des averses.

11 On parle des effets du tourisme sur l'environnement

Animatrice: C'est bientôt les vacances. Pour beaucoup de gens, c'est le temps de visiter les montagnes ou la campagne, ici en France, ou peut-être à l'étranger. C'est le moment d'aller admirer la nature, de respirer l'air frais et de nous détendre. Nous aimons faire de longues promenades dans les montagnes ou à la campagne. Nous aimons visiter les Antiquités et admirer les chefs-d'œuvre de nos ancêtres. Nous aimons faire des pique-niques, manger en plein air.

Mais les experts disent que nous devons changer nos habitudes parce que pendant que nous nous détendons, la nature souffre. C'est vrai, Monsieur Robert?

M.Robert: Oui... aujourd'hui, nous nous rendons compte que la nature est fragile. Et que nous sommes en train de détruire le paysage que nous aimons.

Animatrice: Alors quels sont les problèmes actuels?

M.Robert: Ben... pour commencer, les voitures. Chaque année, des centaines de voitures traversent la campagne... et ça veut dire de la pollution. Si on compte aussi les cars, c'est un gros problème pour l'environnement.

Et après les voitures, les touristes eux-mêmes. Personne ne veut faire de mal aux plantes ou aux bêtes... mais nous sommes en train de le faire.

Animatrice: Pouvez-vous nous expliquer ce qui se passe?

M.Robert: Oui... comme vous avez dit, des milliers de touristes font de longues promenades dans la campagne ou dans les montagnes. La faune et la flore ont du mal à supporter une telle attaque! Et en plus, même si nous ne voulons pas faire de mal... là où on trouve des touristes, on trouve aussi des détritus... des papiers, des bouteilles, des boîtes de boissons, etc. Et ça c'est un gros problème.

Animatrice: Et qu'est-ce qu'on peut faire pour aider à protéger l'environnement?

12 Que faites-vous?

Animateur: ... Mais on nous dit que ce n'est pas difficile d'être écolo. Et pour nous aider à devenir écolo, Marie-Pierre va nous donner une liste de choses que nous pouvons faire.

Femme: Oui... ce n'est pas difficile d'être écolo. Regardez autour de vous, là où vous habitez ou vous travaillez. Il y a beaucoup de choses que vous pouvez recycler, le papier, par exemple. Et en plus, vous pouvez économiser le papier et même le réutiliser. Et quand vous allez à la papeterie, demandez du papier recyclé.

Et vous pouvez aussi recycler le verre: les bocaux, les bouteilles, etc. On a toujours des bouteilles à la maison. Alors trouvez un container de récupération et recyclez-les!

Et pour terminer, on peut recycler toutes les boîtes de Coca-Cola ou d'Orangina... l'aluminium, c'est recyclable!

Bon... vous recyclez déjà vos déchets? Bravo! Mais pensez-vous aussi à économiser... économiser l'eau, économiser l'énergie? Ce n'est pas difficile: prenez une douche et non un bain... et fermez le robinet.

Et l'énergie? C'est simple... vous éteignez les lumières... et vous fermez les volets ou vous tirez les rideaux.

Voilà... si vous suivez ces conseils, vous deviendrez plus écolo... et à l'avenir... qui sait ce que vous accomplirez?

10 Bon voyage

1 Un jeune Français vous parle de ses vacances

... Tu vas à Avignon? Moi aussi. Je viens de passer mes vacances en Ecosse. Tu es déjà allé en Ecosse? J'ai un correspondant écossais, qui habite à Edimbourg... c'est ma ville préférée.

Le voyage? Oh là! C'était affreux! Je voulais prendre le train mais il y avait une grève... tu connais cette expression? Ils ne travaillaient pas... Bon... donc, j'ai pris l'autocar. C'était horrible! Avec le TGV, il faut 7 heures, 7 heures et demie, Avignon- Dunkerque... mais en autocar... deux jours. Oui, j'ai mis deux jours pour arriver à Dunkerque. Et en plus, dans le bateau... c'était affreux! Tout le monde était malade... on a eu une mer agitée...

Heureusement, j'avais réservé une place dans le train pour aller de Douvres à Edimbourg... mais il fallait changer à Londres. J'étais très fatigué quand je suis arrivé chez David!

2 Vous travaillez dans un garage

1

Bonjour. Ecoutez, pourriez-vous m'aider? Je m'appelle Monsieur Voisin. Je suis à l'hôtel Imperial et ma voiture ne marche pas. Le moteur ne démarre pas et je crois que la batterie est à plat. Est-ce que vous pouvez envoyer un mécanicien?

2

Bonjour. Parlez-vous français? Euh... je suis en panne... ma voiture ne marche plus. Je crois que je suis en panne d'essence... pourriez-vous m'aider? Mon nom? Je m'appelle Monsieur Roy.

3

Bonjour... écoutez... j'ai garé ma voiture tout près du cinéma... le moteur faisait un drôle de bruit et je ne voulais pas la conduire! Est-ce que vous pourriez m'aider? Mon nom? C'est Brunet, je suis Madame Brunet.

4 Bonjour... vous parlez français? Bon... alors j'ai un problème... je voyage en voiture... et je crois que les freins ne marchent pas très bien. Est-ce que vous pourriez m'aider? Oh... et j'ai crevé hier... j'ai mis la roue de secours... mais je voudrais faire réparer le pneu crevé. Est-ce possible? Mon nom? Je m'appelle Madame Robert.

3 Lisez cet article

...Oh... c'était affreux! Il y avait un jeune... il avait 14 ou 15 ans... il faisait du vélo... là, tout près du supermarché... tu connais cette rue? Eh bien... il parlait avec ses camarades quand, tout d'un coup, une voiture l'a heurté… c'était horrible! La voiture roulait trop vite… et le conducteur n'a pas vu les cyclistes… Tout le monde criait… et le conducteur s'est arrêté… et on a appelé une ambulance… J'attendais pour voir si je pouvais faire quelque chose… Heureusement, il n'était pas gravement blessé… on m'a dit qu'il s'est cassé la jambe… c'est tout. Il a eu de la chance!

7 Ecoutez la cassette

1

A: Vous en voulez combien, monsieur?
B: Faites le plein de gasoil, s'il vous plaît. Et voulez-vous aussi vérifier l'eau et l'huile?

A: L'eau, ça va. Mais vous avez besoin d'huile. Je vous mets un demi-litre?
B: Oui… merci.

A: Voilà… vous payez à la caisse, s'il vous plaît.
B: D'accord. Euh… il y a des toilettes ici?
A: Oui… derrière le garage.

2

A: Bonjour, monsieur.
B: Bonjour… Donnez-moi pour 200F de sans-plomb, s'il vous plaît.
A: Du sans-plomb? Tout de suite. Voilà, monsieur.
B: Merci… et pouvez-vous vérifier les pneus, s'il vous plaît.
A: Oui… Ben… les pneus, ça va.
B: Merci…
A: Alors, c'est 200F.
B: Voilà… et merci.

3

A: Bonjour, madame.
B: Quarante litres de super, s'il vous plaît…
A: Voilà, madame… ça vous fera 185F.
B: Merci… voilà 200F.
A: Et la monnaie, madame.
B: Merci, au revoir.

14 Regardez le dessin A

1

Ben… moi, j'étais sur le trottoir, près des magasins… et… euh… j'ai vu la Citroën… non, la Peugeot… la voiture verte… qui ne roulait pas… et l'autre voiture l'a heurtée… Non… je n'ai pas vu cette voiture avant la collision.

2

Eh bien… je faisais du lèche-vitrine… là… tout près du carrefour. Et j'ai vu une voiture verte qui démarrait… en face des magasins… oui… et j'ai aperçu une autre voiture qui arrivait de l'autre côté… Le feu était au rouge… mais cette voiture roulait très vite… et il a brûlé le feu. Il ne s'est pas arrêté du tout. Il n'a même pas ralenti!

3

Ben… moi, je parlais avec mon amie… on a entendu un bruit… je crois que les deux voitures se sont heurtées… Non… le feu n'était pas au rouge… et toutes les deux roulaient assez vite.

4

Eh bien… je sortais de la pâtisserie… en face de la pharmacie… et j'ai vu une voiture qui s'approchait des feux. Cette voiture roulait assez vite… et elle n'a pas ralenti… en dépit du feu rouge… Tout d'un coup, une voiture a commencé à démarrer au feu vert et les deux voitures se sont heurtées. C'était affreux! Heureusement, il n'y a pas eu de blessés!

11 A table

1 Lisez le quiz

Avez-vous deviné les bonnes réponses? Voyons!

Numéro 1
Il existe en France plus de 365 sortes de fromage. Oui, plus de 365… du camembert au fromage de brebis des Pyrénées!

Numéro 2
Et vous, vous aimez le fromage? Beaucoup de Français l'aiment. En France, on mange 22 kilos de fromage par personne par an! Pas mal, hein?

Numéro 3
Mais en Irlande, on n'en mange pas beaucoup. Là-bas, on mange 4 kilos de fromage par personne par an.

Numéro 4
Est-ce que vous mangez du fromage au petit déjeuner? Si vous habitez aux Pays-Bas ou en Allemagne, oui! Là-bas, on préfère manger du fromage au petit déjeuner.

Numéro 5
Et combien mange un seul homme dans sa vie? Il mange 50 tonnes… oui, 50 tonnes d'aliments! Cela représente 10 tonnes de légumes, 900 kilos de sucre, près de 2 000 kilos de fromage, 17 000 œufs, 6 bœufs, 16 porcs, 21 000 baguettes de pain… sans compter le lait, etc!

2 Des records alimentaires

Et maintenant les records:

La plus grosse omelette du monde a été réalisée en France en 1993. Ingrédients: 80 000 œufs et 200 kilos de beurre!

La plus grosse tablette de chocolat a été réalisée en Espagne en 1985. On a fait une tablette de 10 mètres de long, 5 mètres de large et 73 centimètres d'épaisseur. Miam! miam!

Le plus gros hamburger a été réalisé en Afrique du Sud en 1985. Oui, en Afrique du Sud. Ce gros hamburger pesait 2,2 tonnes!

Et la plus grosse saucisse… on l'a réalisée en Grande-Bretagne en 1988, une saucisse de 21 kilomètres de long. Il paraît que les Britanniques aiment bien les saucisses!

Et pour terminer, en 1991 au Canada, on a réalisé une tarte aux pommes qui mesurait 12, 33 mètres de diamètre.

3 Identifiez le panier du client

Femme: Bonjour, monsieur.
Homme: Bonjour, madame. Je peux vous aider?
Femme: Oui… je voudrais deux plaquettes de beurre, s'il vous plaît.
Homme: Deux plaquettes… voilà
Femme: Et aussi de la farine… Celle-là… oui…
Homme: Voilà la farine… C'est tout?
Femme: Euh, non… donnez-moi aussi des œufs.
Homme: Combien en voulez-vous? Une douzaine?
Femme: Oui… une douzaine, ça va…
Homme: Voilà les œufs… ils sont tout frais, bien sûr… on les a livrés ce matin.

Femme: Excellent... Voyons... Ah oui, je voudrais aussi deux boîtes de fruits au sirop.
Homme: Laquelle préférez-vous, madame... celle-ci ou celle-là?
Femme: Celle-là... c'est moins sucré, je trouve.
Homme: Très bien... et avec ça?
Femme: C'est tout... ah non... j'ai oublié... donnez-moi aussi du jus d'orange.
Homme: Vous en voulez combien? Un litre?
Femme: Oui... un litre.
Homme: Voilà... c'est tout maintenant?
Femme: Oui, c'est tout. Je vous dois combien?

4 Vous allez faire les courses

Ecoute... tu peux m'aider à faire les courses? Ce n'est pas difficile... et je n'ai pas encore fini mes devoirs... tu veux faire une liste? Tu as un stylo? Alors, maman m'a demandé d'acheter des fruits ... un kilo d'oranges et aussi un kilo de pommes... Tu as écrit ça? Bon... elle veut aussi du pain... oui, du pain... euh... deux baguettes. Oui... pour acheter des baguettes, tu vas à la boulangerie près du marché... Et après ça, tu vas à l'épicerie et tu achètes du lait... oui... un litre de lait... et du beurre. Voilà, c'est tout. Tu as bien noté tout ça? A l'épicerie, du lait, un litre de lait... et du beurre. Merci.

5 On parle des aliments

...Qu'est-ce que j'aime manger? Eh bien... j'adore les frites... et les pâtes... tu sais, les spaghetti et tout ça... enfin, j'adore la cuisine italienne... les pizzas, les pâtes, les glaces.

Euh... j'adore aussi les fruits. Je mange toutes sortes de fruits: les pommes, les oranges, les poires, les bananes, etc. Et toi, tu aimes les fruits?

Euh... j'aime le poisson, mais je peux pas supporter les fruits de mer... ça me rend malade... mais le poisson, oui, j'aime bien ça.

Ce que je n'aime pas? Alors... je n'aime pas tellement les hamburgers... et je n'aime pas le chou-fleur!

12 L'avenir

1 Ecoutez la cassette et regardez les dessins

1
Qu'est-ce que je veux faire dans la vie? Eh bien... j'adore lire et j'écris déjà des articles pour le journal scolaire. Et je me sens concerné par les problèmes actuels dans le monde. Mon rêve, c'est d'être journaliste.

2
Ben... moi, je ne suis pas sûre... je suis bonne en dessin... et je suis assez créative... peut-être que je pourrais devenir coiffeuse... Mais ça dépend car je voudrais aussi travailler dans un bureau... par exemple, comme secrétaire.

3
Je sais déjà ce que je vais faire dans la vie... car je vais travailler pour mon père... il est électricien... et de temps en temps, pendant les vacances, je l'aide dans son travail. C'est un métier intéressant.

4
Ben... moi, je suis bonne en biologie, en chimie et en physique. J'ai l'intention de devenir médecin... ou bien vétérinaire. Je sais qu'il faut beaucoup travailler et qu'il faut étudier pendant plusieurs années... mais ça c'est mon rêve.

5
Qu'est-ce que je vais faire dans la vie? Ben... je pense que je vais travailler dans un garage... j'aime les voitures et les machines... et je voudrais bien être mécanicien.

3 On parle de l'avenir

1
Animateur: Alors, vous Elise, vous vouliez être médecin... vous avez parlé d'un travail dans un grand hôpital, peut-être à Paris. Pouvez-vous nous dire ce que vous faites actuellement?
Elise: Ben... oui, je suis devenue médecin... C'était dur au début... on m'avait dit qu'il fallait beaucoup travailler... et c'est vrai. Devenir médecin est assez dur. Mais c'est un métier qui me plaît... j'aime travailler avec le public et faire du bien.
Animateur: Alors, vous travaillez dans un grand hôpital?
Elise: Euh... non, sur ce point, j'ai changé d'avis. Actuellement je travaille avec Médecins Sans Frontières...
Animateur: Ah bon? Intéressant!
Elise: Oui... sans aucune doute, c'est une vie intéressante. Je viens de rentrer du Rwanda... et j'espère y retourner... il y a beaucoup à faire!
Animateur: Alors que faites-vous?
Elise: Ben... pour commencer... notre première urgence, c'était de donner de l'eau potable aux réfugiés... et en même temps, de construire des latrines. Mais on a aussi construit des hôpitaux pour soigner les malades et pour assurer la vaccination des enfants.
Animateur: Et vous êtes contente de votre choix de métier?
Elise: Oui... vraiment.

2
Animateur: Et vous, Philippe... vous aviez l'intention d'être ingénieur. C'est bien votre métier aujourd'hui?
Philippe: Euh... ben... au début, j'ai fait des études pour devenir ingénieur... j'ai été reçu au Bac... et je suis allé à l'Université. C'est là, à l'Université que j'ai changé d'avis.
Animateur: Alors que faites-vous actuellement?
Philippe: Je suis comptable...
Animateur: Comptable?
Philippe: Oui... je suis chef comptable dans une société, ici à Paris.
Animateur: Et c'est un métier intéressant?
Philippe: Oui... j'aime bien mon travail.

3
Animateur: Et pour terminer, Sophie... vous vouliez être secrétaire bilingue... c'est bien votre métier?
Sophie: Oui... moi j'ai réalisé mon ambition...
Animateur: Et où travaillez-vous actuellement?
Sophie: Ben... je travaille en Angleterre... à Londres.
Animateur: A Londres?
Sophie: Oui, je travaille pour une société française qui a un bureau à Londres et on m'a offert l'occasion d'y travailler il y a trois ans.
Animateur: Et ça vous plaît?
Sophie: Oui... mon mari est anglais... et Londres, c'est ma ville préférée... .
Animateur: Et le travail, c'est intéressant?
Sophie: Oui... c'est très intéressant.

4 Un vétérinaire parle de son métier

Oui… je suis vétérinaire et je travaille à la campagne. Donc je m'occupe surtout des animaux de ferme. Les vétérinaires qui travaillent en ville s'occupent plutôt des chats, des chiens… et ils travaillent dans une clinique. Moi, je travaille là où habitent les animaux, à la ferme.

Ce n'est pas très simple pour la vie de famille car une semaine sur deux je suis de garde et j'assure les urgences pendant la nuit.

Si ça vous intéresse, il faut être travailleur et patient. En ce qui concerne les études, il est indispensable de suivre une filière scientifique… et d'être bon en maths, physique, chimie et biologie. Les études sont assez longues, elles durent 6 ans, mais après on a la possibilité de faire un métier parfois difficile et parfois fatigant mais toujours intéressant.

Contrôle 1

1

Salut, c'est moi, Elise. Je vais te parler de mes passe-temps. Tu sais déjà que je suis fanatique de sport, surtout le judo. Je fais partie d'un club de judo. On se retrouve deux fois par semaine près du stade.

Il est important d'être en forme et je m'entraîne beaucoup. Normalement, je vais au club le mardi soir, de 18h 30 à 19h 30. De temps en temps j'y vais le samedi après-midi aussi, de 15h à 16h.

A mon avis, c'est un sport passionnant. Mon frère faisait partie du club lui aussi mais plus maintenant. Moi, je vais au club depuis trois ans et je viens d'avoir ma ceinture bleue.

Il faut avoir un kimono et une ceinture. Au début, on a la ceinture blanche et on continue jusqu'à la ceinture noire. Ce n'est pas cher… mes parents m'ont acheté le kimono et je paie 100 francs par trimestre.

Au début, j'allais au club avec mon frère mais maintenant, j'y vais avec ma cousine, Sophie. Elle a la ceinture bleue, elle aussi.

J'espère continuer à faire partie de ce club. C'est super! Plus tard, j'espère parvenir à la ceinture noire et même faire partie de l'équipe nationale.

2 (et 3)

Interviewer: Hélène Tauran… vous travaillez dans une grande usine…

Hélène: Oui… on produit des cannettes de boissons pour une grand société.

Interviewer: Parlez-moi un peu de votre travail. Par exemple, vous commencez à quelle heure, le matin?

Hélène: Eh bien… d'habitude, je quitte la maison à 7h 45 et j'arrive à l'usine vers 8h 15. Ben… on commence le matin vers 8h 30, donc, j'ai juste le temps de prendre un café avant de commencer. Euh… on a 45 minutes pour le déjeuner et je rentre chez moi vers 15h 30. C'est pratique… je peux faire les courses après le travail et j'ai le temps d'aller chercher mon fils qui va à l'école primaire.

Interviewer: Et vous déjeunez à l'usine?

Hélène: Oui… il y a une grande cantine… et on peut y retrouver ses amis… c'est bien.

Interviewer: Est-ce que vous travaillez en équipe?

Hélène: Oui… on travaille en équipe de cinq personnes. Il y a un chef d'équipe qui dirige le travail… ben… il est important de travailler ensemble… et euh… on essaye d'atteindre nos objectifs… nos objectifs de production.

Interviewer: Et qu'est-ce que vous voudriez faire plus tard? Vous pensez continuer de travailler à l'usine?

Hélène: Ben… oui, pour l'instant. Mais plus tard, quand mon fils sera plus grand, j'aimerais faire des études… j'aimerais travailler dans l'administration, mais c'est difficile.

Interviewer: Madame Tauran, merci et bonne chance.

Hélène: Merci.

Contrôle 2

1

Interviewer: Bonjour… on fait un sondage sur la vie des jeunes et on compare les centres d'intérêts des filles et des garçons. Ça vous intéresse?

Sébastien: Oui…

Interviewer: Alors, comment vous appelez-vous?

Sébastien: Je m'appelle Lemoine, Sébastien Lemoine.

Interviewer: Et vous êtes en quelle classe, Sébastien?

Sébastien: Je suis en troisième… j'ai quinze ans.

Interviewer: Et quelles sont vos matières préférées?

Sébastien: Mes matières préférées… ben… j'adore le sport, surtout l'athlétisme… à part ça… j'aime les maths et l'informatique… mon prof de maths est vraiment bien… Euh… et je suis assez fort en espagnol.

Interviewer: D'accord… et maintenant, les loisirs. Vous allez souvent au cinéma?

Sébastien: Ben… oui… deux ou trois fois par mois.

Interviewer: Et vous aimez quel genre de film?

Sébastien: Euh… j'aime bien les films de Sean Connery… c'est mon acteur préféré… j'aime aussi aller voir les films de science-fiction… j'adore les effets spéciaux… par exemple "Jurassic Park". C'était super!

Interviewer: Et qu'est-ce que vous préférez: rester à la maison regarder la télé, aller au cinéma voir un bon film ou rester à la maison lire un bon livre?

Sébastien: Ben… je ne lis pas beaucoup… sans hésitation, je préfère regarder la télévision… surtout les émissions de sport.

Interviewer: Et si on parle des grandes causes, par exemple la protection de l'environnement, la lutte contre le SIDA… à votre avis, quelle est la cause la plus importante?

Sébastien: Eh bien… c'est difficile… mais je crois que la cause la plus importante c'est la lutte contre le SIDA… mais aussi la lutte contre d'autres maladies, par exemple le cancer…

Interviewer: Merci, Sébastien.

2

Interviewer: On passe maintenant à Philippe. Bonjour, Philippe… qu'est-ce que tu as fait le week-end dernier?

Philippe: Je suis allé au cinéma. J'ai vu le nouveau film de Jean-Pierre Jeunet et Marc Caro, "La Cité des Enfants Perdus".

Interviewer: Ah bon? Et qu'est-ce que tu en penses?

Philippe: Eh bien… c'est un film fantastique… c'est-à-dire, on est plongé dans un monde de conte de fées et de surnaturel. L'histoire se passe dans une cité étrange où vit Krank, un vieillard. Ce vieil homme a perdu la faculté de rêver. Pour retrouver cette faculté, il fait enlever des enfants et tente de leur voler leurs rêves. Les héros du film, Miette, une petite fille et One, un marin, arrivent dans la cité pour libérer tous les jeunes prisonniers.

Interviewer: Et c'est bien, comme film?

Philippe: Ben… pour moi, c'est un bon film… mais ce n'est

pas pour les petits. Il y a beaucoup de monstres et quelques images sont vraiment bizarres et même effrayantes.

Interviewer: Voilà... "La Cité des Enfants Perdus", un film de fantaisie, réservé aux plus grands. Merci, Philippe.

Contrôle 3

1
Et maintenant les prévisions pour demain. Le matin, le ciel sera couvert partout. Il fera un temps assez frais avec une possibilité de quelques averses. On prévoit une température maximum de 17 degrés. L'après-midi, le temps sera un peu plus chaud. Il y aura quelques éclaircies, surtout sur la côte, mais ailleurs, le ciel restera nuageux... avec une température maximum de 20 degrés. Le soir et la nuit, ce temps nuageux et frais continuera jusqu'au matin avec une température de 12 degrés. Heureusement, on prévoit du beau temps pour après-demain et pour le week-end. A demain, au revoir.

2
Et voilà le salon. Tu aimes regarder la télé, j'espère. J'adore la regarder, surtout les jeux. Et maintenant on monte à l'étage, il y a quatre chambres. Tu vas dormir dans la chambre d'Eliane, ma petite sœur. C'est assez grand et confortable. J'espère que tu vas bien dormir.... Et voici la salle de bains, juste à côté de ta chambre... j'ai mis des serviettes sur ton lit... et si tu as besoin d'autre chose, du shampooing et tout ça, il y en a ici dans le placard. Sers-toi. Voilà, c'est tout... tu veux quelque chose à boire? Papa a déjà préparé quelque chose à manger... c'est lui qui fait la cuisine... le voilà dans la cuisine. D'habitude, on prend le petit déjeuner ici, dans la cuisine... et on ne mange dans la salle à manger que le soir.

3
Bon... pendant les vacances on est allé au camping, tout près de Nîmes... c'était super. Là, au camping il y avait beaucoup de choses à faire, surtout pour les jeunes. Il y avait une piscine couverte et un terrain de tennis. Moi, j'ai nagé tous les jours et j'ai joué au tennis avec trois jeunes que j'ai rencontrés... ils étaient super! On a aussi joué au volley. Il y avait même un petit tournoi de volley... mais nous n'avons pas gagné.

Et on est allé à Nîmes. Tu connais cette ville? C'est très historique et donc il y avait beaucoup de touristes... mais j'ai trouvé ça intéressant comme ville. On est allé faire des courses et on a visité les monuments. Bref, on a passé des vacances super. Il faisait tellement beau qu'on a fait des randonnées et on a bronzé, bien sûr, au bord de la piscine. Et le soir, il y avait une discothèque où j'ai beaucoup dansé avec mes nouveaux amis. On espère se retrouver au même camping l'année prochaine... il faut que je demande à mes parents. Je suis sûre qu'ils vont être d'accord. Et toi, qu'est-ce que tu as fait pendant les vacances?

Contrôle 4

1
Bienvenue à Carrefour. Aujourd'hui nous vous offrons une promotion spéciale sur beaucoup d'articles de toilette. Par exemple, nous offrons une réduction de cinq francs sur les grandes bouteilles de shampooing. Oui, une réduction de cinq francs sur le shampooing.

Mesdames et Messieurs, aujourd'hui à Carrefour nous vous offrons une promotion spéciale sur beaucoup de boissons. Par exemple, nous offrons une réduction de trois francs sur les packs de six bouteilles d'eau minérale et une réduction de deux francs sur les cartons de jus de fruit. Alors, vite, rendez-vous au rayon boissons!

2
Mesdames et messieurs, la SNCF regrette de vous annoncer que le train en provenance de Lille a un retard de 15 minutes. Le train en provenance de Lille a un retard de 15 minutes.

3
Eh bien, j'ai toujours rêvé de voyager et de trouver un métier qui me permettre de voyager et de rencontrer des gens. Alors, après avoir lu plusieurs articles dans un magazine photo, j'ai décidé de devenir photographe. J'ai toujours aimé prendre des photos et je crois qu'en général, mes photos sont assez bonnes.

Je suis donc allé voir le conseiller d'orientation au lycée qui m'a donné beaucoup de dépliants sur les études et les qualités demandées pour réussir dans ce métier. Eh bien... l'anglais est indispensable. Là, je n'ai pas de problème... je suis assez fort en anglais. On m'a dit qu'il faut être curieux et dynamique... et il faut aussi être en forme parce qu'il faut beaucoup travailler. Il paraît que c'est un métier fatigant. Souvent les photographes partent quinze jours, un mois même pour être sur place, au cœur des événements dans le monde. Et bien sûr, il faut être créatif.

Alors, pour devenir photographe, je vais faire une formation dans une école d'arts plastiques. On peut aussi faire ça à l'université... mais je préférerais aller dans une école d'arts plastiques. Après le bac, il faut étudier pendant trois ans avant de trouver son premier travail. J'espère que je vais réussir dans ce métier, et plus tard, je voudrais bien voyager... surtout en Inde et en Amérique du Sud.

Answers

Unit 1

1 Emilie

2 Au bowling à 7h 30

3 *Jean-Luc aime:* le sport (le football, le tennis et le volley), regarder les matchs au stade, le cinéma, sortir avec ses amis.
Il n'aime pas rester à la maison.
Sophie aime: la lecture, la télévision, jouer avec l'ordinateur, les jeux vidéo, la musique (le jazz et le blues) et le bowling.
Elle n'aime pas le sport.
Eric aime: les jeux vidéo, les vieux films, la musique, patiner, aller à la patinoire, aller au bowling et regarder des vidéos.
Il n'aime pas le fast-food.
Fabienne aime: nager, faire de la planche à voile, l'escalade, le cinéma et la lecture et faire de longues promenades.
Elle n'aime pas le football.

4 le cinéma, le football, la musique, voyager, le tennis, la lecture.

5 Louise A; Joe B

6 2 a bien noté la date; La fête de la Musique s'intéresse à C; Vous pouvez aller à un concert ou même organiser un concert.

9 Moi, j'aime bien patiner.

10 Paul aime le tennis et le rugby. Il est membre d'un club de judo. Il aime regarder la télévision.

14 1✘ 2✘ 3✘ 4✘

Un peu d'entraînement

1
1 Qu'est-ce que vous faites d'habitude, le week-end?
2 Quel est votre passe-temps préféré?
3 Qui a regardé la télé hier soir?
4 Que mettez-vous pour aller au bowling?
5 Est-ce que vous aimez les films de Steven Spielberg?

2
1 Quel est ton héros?
2 Qu'est-ce que tu fais le soir?
3 Et qu'est-ce que tu fais le week-end?
4 Quel est ton film préféré?
5 Et quel est ton acteur préféré?
6 Que penses-tu des westerns?
7 Et que penses-tu des cirques?
8 Est-ce que tu vas souvent au cinéma?

Unit 2

1 le rugby; le ski; le football; le tennis; le basket; le patinage.

2 1 le football; 2 la planche à voile; 3 le tennis; 4 le rugby; 5 le golf; 6 la natation; 7 le ski; 8 le patinage

3 samedi, le 21 janvier à 15h

4
1 Elle se lève vers 8h. Elle s'entraîne une ou deux heures. L'après-midi elle va au gymnase. Pendant un tournoi, elle se lève tôt le matin.
2 Il se lève assez tôt. Il arrive au stade vers 9h. Il s'entraîne deux heures ou deux heures et demie. Le soir il rentre chez lui vers 18h.

5 1 Bob, Paris; 2 Karim, Rouen; 3 Alex, Grenoble

6 Ski alpin: ; ski nordique: ; ski acrobatique:
le ski alpin… en Espagne
le ski nordique… au Canada
le ski acrobatique… en France
Vous pouvez regarder le ski alpin à la télévision.

7 Philippe s'entraîne une heure et demie le matin, une heure l'après-midi et une heure le soir.
Il travaille aussi sa condition physique (footing, musculation).
Non, il n'aime pas sortir.
Il fait du footing et de la musculation.

9 la pêche; le tennis; la spéléo; randonner; le ski; la natation; l'escalade.

Un peu d'entraînement

1
1 Est-ce que tu fais du sport?
2 Est-ce que ton frère va au match, lui aussi?
3 Ma soeur joue au handball.
4 Nous allons au stade. Ça te dit?
5 Vous êtes membre d'un club?

2
1 Est-ce que vous faites du sport au collège?
2 Vous préférez le football ou le rubgy?
3 Est-ce que vous allez souvent au centre omnisports?
4 Est-ce que vous vous entraînez?
5 Vous aimez sortir le soir?
6 Etes-vous membre d'un club?

Unit 3

1 En presse, on travaille 5 heures, en publicité, 8 heures par jour.
Non, elle est trop petite.
Faux.
L'article parle des inconvénients du métier.

2 1c; 2a; 3d; 4e; 5b.

3 1 dentiste; 2 ingénieur; 3 agent de police; 4 journaliste; 5 médecin; 6 technicien; 7 secrétaire bilingue

4 1 un journaliste; 2 un mécanicien; 3 un coiffeur

5
1 vétérinaire, un métier varié mais il faut beaucoup travailler. Elle voudrait travailler à la campagne.
2 vendeuse. Elle aime travailler avec le public. Elle aimerait avoir une boutique.
3 infirmier. Il aime soigner les malades. De temps en temps c'est difficile. Il aimerait travailler en salle d'opérations.

7 1 fait de petits travaux à la maison; 2 garde de petits enfants; 3 ne travaille pas; 4 voudrait travailler avec le public.

9 1 ✗; 2 ✗; 3 ✓; 4 ✓; 5 ✗; 6 ✗

10 18 ans; Elle aime nager, lire et danser. Elle aime aussi le théâtre. Elle parle anglais; Oui, elle est allée en Angleterre.

14 100 francs par semaine; des disques/des cassettes, des vêtements; il va au cinéma et au stade; le football.

Un peu d'entraînement

2 Je pourrais prendre quelque chose à boire? Je pourrais prendre quelque chose à manger? Je pourrais regarder la télévision? Je pourrais écouter de la musique?

3 Tu devrais aller chez le docteur; Tu devrais aller au lit; Tu devrais aller en ville.

Unit 4

5 anglais, salle 7; histoire-géo, salle 9; maths, salle 12; technologie, salle 15; informatique, salle 16

6 1 c'est ennuyeux, mais ce n'est pas mal; 2 déteste l'école; 3 aime l'école

7 les cours commencent à 8h 15; matières préférées: informatique, maths, sciences et anglais; il aime l'école.

10 Ils sont professeurs; matières mentionées: d, f, g; Roch Voisine était assez content au collège; il faut rester à l'école.

Un peu d'entraînement

1
1 Je fais mes devoirs depuis 18h 30.
2 J'étudie le français depuis cinq ans.
3 Je vais au club de théâtre depuis deux ans.
4 Je fais du babysitting depuis trois mois.
5 Je joue de la guitare depuis six mois.

2
1 J'étudie l'allemand depuis 3 ans.
2 Je fais mes devoirs depuis 18h.
3 Je suis en vacances depuis le 30 juin.

3 1 courts; 2 grande; 3 petit; 4 roux, noisette; 5 vieille.

G	O	E	M	L	P	Q	Z
R	O	U	X	V	M	I	B
A	C	S	X	I	I	E	D
N	O	I	S	E	T	T	E
D	U	P	N	I	M	X	J
E	R	T	D	L	V	A	V
Q	T	K	U	L	E	A	C
W	S	I	P	E	T	I	T

Unit 5

1 Les clubs

2 Les problèmes dans le monde; la famille

3 Ils vont discuter: la musique; la mode; l'actualité; les problèmes dans le monde.

5 1 C ou D; 2 C ou D; 3 A; 4 B

8 Le sujet de l'exposé: l'environnement; Il a choisi ce sujet parce qu'il se sent concerné par la protection de l'environnement; Il essaie de recycler ses déchets et d'éviter de gaspiller l'eau et l'énergie.

Un peu d'entraînement

1
1 Moi, je n'aime pas les jeux vidéo.
2 Je n'ai pas d'animal à la maison.
3 Je ne me sens pas concerné par la protection des animaux.
4 Nous ne nous intéressons pas aux westerns.
5 Nous n'allons pas souvent au cinéma.
6 Moi, je n'aime pas lire.

Unit 6

2
1 la télévision, les journaux;
2 la radio, les journaux;
3 les journaux, la télévision, le cinéma;
4 les journaux, la télévision, la radio, les micro-ordinateurs multimédia.

3 1 a aimé le film; 2 ce n'était pas mal; 3 n'a pas aimé le film; 4 madame n'a pas aimé le film, monsieur l'a aimé.

4 le football, les jeux vidéo, les films.

5 le rock, aller aux concerts, les films.

6 Un livre, un jour; Mahaswami Sadhu et Dieu vivant; La chance aux chansons; Tout le sport; Tchin-tchin; Journal; Magnum/La fête à la maison/Booker/Code Quantum/Dans la chaleur de la nuit/Le prince de Bel Air; Hit machine.

7 Le journal de l'emploi.

8 Deux reportages. The first tells the story of young Americans who have become millionaires by creating computer games; the second is about distance learning, using computers.

10 1 ✓; 2 ✗; 3 ✗; 4 ✓; 5 ✗; 6 ✗.

14 Comment devenir vampire – jeu vidéo; Romuald et Juliette – film; Cherche famille désespérément – film; La vengeance de la momie – livre; Déguisements futés – livre; Street racer – jeu vidéo; Amis poètes – livre

Un peu d'entraînement

1
1 Oui, je les aime regarder.
2 Oui, je le regarde souvent.
3 Non, je ne les regarde pas souvent.
4 Non, je ne la regarde pas.

2
1 Tu la regardes souvent?
2 J'en achète souvent.
3 Je les regarde assez souvent.
4 Te les lis?
5 Tu la fais au lycée?
6 J'en fait tous les weekends.

4
1 Oui, ça m'intéresse; 2 ça nous embête; 3 Les journaux, ça vous intéresse?; 4 ça t'intéresse?

5
1c; 2b; 3d; 4a

6
1 Tu regardes le sport à la télé?;
2 Tu regardes les dessins animés?;
3 Tu as vu le nouveau film de Robin Williams?;
4 Vous regardez les séries américaines?

Unit 7

1 dans un camping;
2 chez des amis;
3 dans un hôtel;
4 dans une auberge de jeunesse.

2

1 deux personnes, du 13 au 16 juin, chambre à deux lits avec salle de bains;
2 quatre personnes, du 3 au 10 août, une chambre avec un grand lit et douche, une chambre à deux lits avec douche;
3 deux personnes, du 10 au 12 juillet, une chambre à deux lits avec salle de bains;
4 une personne, une nuit (le premier juillet), une chambre avec salle de bains.

4

Avez-vous des places de libre?
Nous sommes quatre, deux garçons et deux filles;
Pour cinq nuits;
Oui, la voilà; Où sont les dortoirs?

6

1 Elle est allée chez ses cousins à Roissy. Elle a passé une journée au Parc Astérix;
2 Il a fait du camping près de Poitiers. Il a fait le circuit des châteaux.
3 Elle est allée à Paris. Elle a visité les monuments modernes.

7

1 oui; 2 28.65.35.00; 3 non;
4 faux; 5 faux; 6 faux.

8

Il aime le sport: la natation, le volley, le basket, le football.

10

A dans un hôtel; B dans un camping; C dans une auberge de jeunesse; D dans un hôtel.

12

Il est allé à Gravelines. Il a nagé et il a aussi fait de la planche à voile.

Un peu d'entraînement

1

1 J'ai joué au volley.
2 J'ai visité un château.
3 J'ai regardé un bon film.
4 J'ai écouté de la musique.
5 J'ai nagé dans la mer.
6 J'ai écrit des cartes postales.

2

1 Je suis allé(e) au bowling.
2 Je suis arrivé(e) à 7h 30.
3 Je suis rentré(e) chez moi à 10h.

3

1 Je suis allé(e) en France.
2 J'ai logé dans un hôtel.
3 Oui, je suis allé(e) en vacances en famille.
4 Oui, j'ai passé de bonnes vacances.
5 J'ai nagé; j'ai fait de longues promenades; j'ai joué au tennis et j'ai mangé dans un bon restaurant.

Unit 8

1 1 ✗; 2 ✓; 3 ✗; 4 ✓.

2 SàM; séj.

3 *pièces:* la cuisine, la salle de séjour;
les objets: un congélateur, un frigo, un four à micro-ondes, des volets, une machine à laver, une lave-vaisselle, une télévision, un console de jeux, un micro-ordinateur multimédia.

4 1 appartement dans la banlieue, au cinquième étage, ascenseur, deux chambres, un salon avec coin-repas, une cuisine, une salle de bains avec douche, le chauffage central;
2 une maison dans la banlieue, un garage et un jardin. Au rez-de-chaussée: une salle de séjour, coin repas, cuisine équipée. À l'étage: trois chambres, la salle de bains (douche, baignoire, bidet);
3 une maison à la campagne. À l'étage: quatre chambres et une salle de bains (baignoire, douche, bidet, WC, lavabo). Au rez-de-chaussée: une cuisine équipée, la salle à manger, le salon, WC. Garage et jardin. Cave et chauffage central;
4 appartement au centre-ville, au deuxième étage: une chambre, une salle de séjour avec coin repas; cuisine équipée, salle de bains (douche et bidet).

6 1 ✗; 2 ✓; 3 ✗; 4 ✗; 5 ✓.

7 Elle se réveille à 7h 15. Elle se lève à 7h 30. Le week-end elle se lève vers 8h. Elle se lave avant de prendre le petit déjeuner. Elle mange son petit déjeuner en écoutant la radio. Elle quitte la maison vers 8h 15. Les cours commencent à 8h 45 et ils finissent vers 17h. Le soir, elle fait ses devoirs. Elle aime aussi regarder la télévision ou écouter de la musique. Elle se couche vers 22h 30.

8 une serviette; un sèche-cheveux; une brosse à dents; un pull; un stylo et du papier.

10 Photo: B
Pressing/Self à sec: D
Cordonnerie: A
Laverie: C

Un peu d'entraînement

1 Le bon ordre: 5 7 3 8 1 4 6 2

3 1 Ce matin je me suis habillé à 8h 15.
2 Ce matin je suis arrivé à 9h.
3 Elle est arrivée à 8h 30.
4 Aujourd'hui, je suis rentré chez moi à 20h.
5 Aujourd'hui, je me suis couché à 21h.

Unit 9

1 1 ✗; 2 ✗; 3 ✗; 4 ✓.

2 *Le matin:* nuageux et assez frais;
l'après-midi: des éclaircies, du soleil. 20°

4 *Le matin:* assez frais, possibilité de pluie, le ciel sera couvert;
l'après-midi: quelques éclaircies, 22°;
le soir: frais encore, des averses.

5 *Pierre-Yves:* rendre visite à ses grands-parents;
Eléonore: à l'île Maurice, il pleut pendant la saison des pluies, mais il fait très chaud aussi. Elle aimerait aller à la plage;
Laurent: faire du ski. Il va dans les Alpes. Il neige;
Lauriane: elle veut visiter le Canada.

6 Laurent;
Pierre-Yves;
Laurianne et Eléonore;
Eléonore;
Pierre-Yves;
Lauriane;
Laurent.

8 Faux.

9 La pollution est dangereuse pour tout le monde.

11 La pollution et les voitures qui polluent la campagne; les touristes qui font de longues promenades et qui jettent des papiers et de détritus par terre.

12 Vous pouvez recycler le papier, économiser le papier, réutiliser le papier, recycler le verre et l'aluminium. Vous pouvez aussi économiser l'eau et l'énergie.

Un peu d'entraînement

1 1 Tu partiras à quelle heure?
2 Je mettrai un tee-shirt blanc et un jean.
3 Nous arriverons à 11h.
4 Mon frère prendra le train.

5 Il nous attendra près de l'entrée.

2 1 Je téléphonerai demain matin.
2 J'achèterai une pellicule mardi.
3 J'écouterai la météo demain après-midi.
4 J'achèterai des cartes postales mercredi.
5 Je partirai de bonne heure avant le petit déjeuner.

3 1 … je jouerai avec l'ordinateur.
2 … je regarderai la télévision.
3 … je resterai à la maison.
4 … j'irai à la plage.
5 … je ferai une promenade.
6 … j'irai chez mes amis.
7 … je me bronzerai.

Unit 10

1 Il est allé en Ecosse, à Edimbourg. Il a pris l'autocar. Non, il n'a pas fait un bon voyage.

2 1 M Voisin: la batterie est à plat;
2 M Roy: en panne d'essence;
3 Mme Brunet: le moteur fait un drôle de bruit;
4 Mme Robert: les freins ne marchent pas et elle a un pneu crevé.

3 Non

7 1 c; 2 b; 3 a

9 a carte vermeil; b carte famille nombreuse; c prix joker

10 d

11 Non, vous n'aurez pas de problèmes.

12 Il y a un grand nombre de voitures en ville et beaucoup de gens n'aiment pas aller à pied. Le stationnement payant est nécessaire.

15 Non, il n'y a pas d'erreurs.

Un peu d'entraînement

3 1 Il neigeait quand nous sommes partis ce matin.
2 Sophie faisait du ski quand elle s'est fait mal au bras.
3 Nous allions à l'hôpital quand nous avons vu l'accident.
4 La voiture démarrait quand le camion l'a heurtée.
5 Il faisait du vent quand nous sommes allés à la plage.
6 Je regardais la télé quand il a téléphoné.
7 J' étais très fatigué quand je suis arrivé chez moi.

Unit 11

1 1 b; 2 a; 3 b; 4 a; 5 b.

2 1 omelette: 80 000 oeufs et 200 kilos de beurre (France);
2 chocolat: 10m de long, 5m de large, 73 cm d'épaisseur (Espagne);
3 hamburger: 2,2 tonnes (Afrique du Sud);
4 saucisse: 21 km de long (Grande-Bretagne);
5 tarte aux pommes: 12,33 m de diamètre (Canada).

3 b

4 un kilo d'oranges, un kilo de pommes, deux baguettes, un litre de lait, du beurre.

5 *Il aime:* les frites, les pâtes (les spaghetti, etc), les pizzas, les glaces, les fruits, le poisson.
Il n'aime pas: les fruits de mer, les hamburgers et le chou-fleur.

6 1, 2, 3, 4, 7

8 salade aux deux fromages, filet de porc, carottes et pommes de terre, compote de pommes.

Un peu d'entraînement

1 1 Je voudrais ce paquet de chips.
2 C'est combien, cet ananas?
3 Je voudrais aussi cette bouteille d'eau minérale.
4 Ils coûtent combien, ces biscuits?
5 Et ces pommes, elles sont combien, le kilo?

Unit 12

1 a technicien

2 technicien; coiffeur; mécanicien.

3 1 Elise est devenue médecin. Elle travaille avec Médecins sans Frontières.
2 Philippe est comptable. Il n'a pas réalisé son ambition. Il travaille à Paris.
3 Sophie est secrétaire bilingue. Elle travaille à Londres.

4 Il faut être travailleur et patient. Il faut être bon en sciences. Il faut étudier pour 6 ans.

6 a 3; b 4; c 2; d 1; e 5

7 au deuxième sous-sol; le chant d'un oiseau, le tintement d'une clochette, le tic-tac d'une pendule, le bruit d'une mobylette, le bruit d'une voiture.

9 journalisme;
on vous conseille de chercher à rencontrer d'autres jeunes qui veulent être auteur de BD;
Nadia est triste.

13 1

14 1 ✓; 2 ✗; 3 ✓; 4 ✓; 5 ✗.

Un peu d'entraînement

2 1 Je vais aller en France, en train.
2 Oui, je vais travailler dans un magasin.
3 Je vais jouer au tennis et je vais nager.
4 Je vais passer les examens.
5 Je ne vais plus manger de bonbons.

3 1 Tu devrais acheter une carte carrissimo.
2 Tu devrais t'inscrire dans un club d'athlétisme.
3 Tu devrais faire de petits boulots.
4 Tu devrais t'inscrire dans un groupe de théâtre.
5 Tu devrais trouver un correspondant anglais.

Contrôle 1

1 1 judo; 2 le mardi et quelquefois le samedi;
3 depuis 3 ans; 4 100 F;
5 sa cousine, Sophie; 6 parvenir à la ceinture noire et faire partie de l'équipe nationale.

2 Vous commencez à quelle heure, le matin? Vous prenez le déjeuner à l'usine? Est-ce que vous travaillez en équipe? Qu'est-ce que vous voudriez plus tard?

3 Elle quitte la maison à 7h 45. Elle arrive à l'usine vers 8h 15. On commence à 8h 30. Elle prend le déjeuner à l'usine et elle rentre chez elle vers 15h 30.

7 1 sportif; 2 ✗; 3 ✗; 4 ✗;
5 ✗.

Contrôle 2

1 1 3e; 2 le sport, les maths, l'informatique et l'espagnol; 3 les films de science-fiction; 4 regarder la télé; 5 la lutte contre le SIDA.

2 1 un film; 2 un film fantastique; 3 Le film se passe dans une cité étrange. Un vieil homme, Krank, fait enlever des enfants et tente de voler leurs rêves. Miette, une petite fille et One, un marin,vont libérer tous les prisonniers; 4 Oui, mais ce n'est pas pour les plus petits.

3 1 la pollution, l'école et les devoirs, le racisme et le chômage et l'environnement;
2 Si on pollue il faut payer une amende; Il faut avoir moins de cours dans une journée et moins de vacances; Il faut demander au gouvernement d'aider les immigrés à s'intégrer; On pourrait créer des entreprises de recyclage et donner du travail à ceux qui le cherche et réduire la pollution;
3 La cause de la pollution, c'est l'homme: il a inventé la voiture, il tue les animaux, il détruit les forêts et il pollue les rivières près des usines.

Contrôle 3

1 *Le matin:* couvert, assez frais, possibilité de quelques averses, 17°;
l'après-midi: plus chaude, quelques eclaircies, surtout sur la côte, 20°;
le soir: nuageux et frais, 12°.

2 1 dans la chambre de sa petite sœur; 2 à côté de la chambre; 3 dans la cuisine.

3 1 Nîmes; 2 elle a: nagé, joué au tennis et au volley, visité les monuments, fait des randonnées, bronzé, et dansé; 3 il faisait beau; 4 oui.

7 Provence; in a gîte; very good: bedroom to herself + a kitchen, living room and bathroom; yes, they had a good holiday: made new friends. Spent a lot of time together, playing tennis, swimming and walking and eating together in the evening.

Contrôle 4

1 Oui; vous pouvez économiser 10 francs: une réduction de 5 francs sur le shampooing, de trois francs sur l'eau minérale et de deux francs sur le jus d'orange.

2 Le train en provenance de Lille a un retard de 15 minutes.

3 1 photographe;
2 l'anglais est indispensable; il faut être curieux et dynamique; il faut être en forme, c'est un métier fatigant; il faut être créatif;
3 en Inde et en Amérique du Sud.

6 a Il faut prendre une autre route.
b On ne peut pas rouler ici en voiture.
c On peut stationer ici, mais il faut payer.
d On ne peut pas stationner ici le week-end.

7 B